通过对法国调节学派的译介，
为构建中国特色的社会主义政治经济学提供借鉴

总体绩效

资本主义新精神

【法】弗洛朗丝·雅尼-卡特里斯（Florence Jany-Catrice）著

周晓飞 译

La performance totale:
nouvel
esprit
du
Capitalisme?

中国经济出版社
CHINA ECONOMIC PUBLISHING HOUSE
北 京

图书在版编目（CIP）数据

总体绩效：资本主义新精神/（法）弗洛朗丝·雅尼-卡特里斯著；周晓飞译.—北京：中国经济出版社，2018.7

书名原文：*La performance totale：nouvel esprit du capitalism?*

ISBN 978-7-5136-4793-9

Ⅰ.①总… Ⅱ.①弗… ②周… Ⅲ.①经济绩效—理论研究 Ⅳ.①F014.9

中国版本图书馆 CIP 数据核字（2017）第 179704 号

责任编辑　郭国玺

责任印制　马小宾

封面设计　任燕飞工作室

出版发行　中国经济出版社

印 刷 者　北京富泰印刷有限责任公司

经 销 者　各地新华书店

开　　本　880mm×1230mm　1/32

印　　张　6.875

字　　数　116 千字

版　　次　2018 年 7 月第 1 版

印　　次　2018 年 7 月第 1 次

定　　价　39.80 元

广告经营许可证　京西工商广字第 8179 号

中国经济出版社　**网址** www.economyph.com　**社址** 北京市西城区百万庄北街 3 号　**邮编** 100037

本版图书如存在印装质量问题，请与本社发行中心联系调换（联系电话：010-68330607）

本书为

西北大学经济管理学院承担的国家外专局“教科文卫”外国高端专家项目
“中国经济增长质量测度”成果和西北大学“双一流”建设项目成果
中国西部经济发展研究中心、陕西省哲学社会科学重点研究基地——
陕西省宏观经济与增长质量协同创新中心长江学者支持项目
四川外国语大学 2016 年度校级青年项目

目录

中文版序

以法国调节学派为借鉴
研究中国特色社会主义政治经济学

任保平

法国调节学派是欧美马克思主义经济思想流派之一，是马克思经济学阶段理论发展的产物，其学说的目的在于解释资本主义危机的根源和走出危机的原因。20 世纪 90 年代以来，调节学派的理论进一步发展，被广泛运用到对转型经济、发展中经济和经济全球化、亚洲金融危机及拉美经济危机、国际合作和区域经济一体化等新问题的研究之中。调节学派继承了马克思经济学中的核心理论与范畴，同时，又从马克思理论中那些高度抽象的概念中分离出若干中间概念，用来解释经济主体的相互作用及其规律。因此，系统梳理和评析法国调节学派的经济理论，研究马克思主义政治经济学创新发展的规律，对中国特色社会主义政治经济学研究具有重要意义。

一、调节学派的方法论与核心概念

自20世纪70年代中期以来，法国的一些经济学家通过对马克思、凯恩斯和卡尔多经济理论的独特结合，并从以布罗代尔为代表的法国年鉴学派和波拉尼、熊彼特的理论中汲取灵感，发展了一种研究资本主义经济长期演化的独特方法，在制度与演化经济学的发展中，形成了法国的“调节”学派。调节学派自20世纪70年代在法国形成以来，引起了世界范围的广泛关注，并在理论和经验研究方面取得很大发展。

1. 调节学派的方法论。调节学派的方法论特点是在对资本主义经济发展的研究中，运用历史的、理论的、比较的方法来探索积累体制和调节方式二者关系所表现出的规律性的东西。他们积极运用多学科方法，主张充分利用历史学、政治学、经济学、社会学和法学等各学科的研究成果。调节学派认为没有纯粹的经济现象，各种经济行为都是在密集的社会关系和政治规定的网络框架中进行的。

2. 调节学派的核心概念。调节学派在继承马克思经济学核心概念、基本范畴和基本规律的基础上，发展出了一些新的概念来解释当代资本主义经济。这些核心概念有：①工业或科技生产范式。调节学派用这个概念来说明社会劳动分工的程度，其含义是指劳动过程中的技术和分工，主要用来进行微观层面的经济分析。②积累体制。调节学派认为，一个稳定的积累体制需要外在于经济的政治社会机制来调节，需要一种调节模式。积累体制的含义是指维持稳定经济生产与消费平衡类型的模式，这个概念主要用于宏观经济层次的分析，针对市场的稳定而建立，他们认为，稳定的积累体制的形成机制是大规模生产需要大批量消费来配合。③调节模式。这个概念指融合规范、制度、传统、组织形式、社会网络、行为类型等集合在一起的复合体，其功能在于使得行为人遵守规则，形成体制再生产的模式，从而维持积累体制的稳定。这个概念主要处于微观和宏观中间的社会制度层次。④发展模式。工业范式、积累体制和调节模式相互调整互补而能够维持一段相当长时期的资本主义稳定发展，这样的发展被称为发展模式。

3. 调节学派的理论框架式。在调节学派的分析框架中，积累体制、调节模式和发展模式构成了其理论的概念基础。调节学派认为，社会经济结构主要制度的组织一致性匹配推动了持续的经济发展，而不匹配则产生了不稳定性、危机和宏观经济的衰退。在调节理论中，长期动态被看作是不连续的。当一种发展模式的潜力趋于耗尽时，从前各部分之间的连贯性消失了，在新的连贯性出现之前，存在着不稳定和无序。这时，积累过程越来越与制度形式的稳定性不兼容，它无法完成在现有制度基础上的自我再生产，不平衡已达到这种程度：在给定的调节模式中，从前自我修正的机制变得无效，发展模式陷于危机之中，从而产生了缓慢增长、停滞和不得不进行制度变革的压力。

二、调节学派的理论渊源

（一）调节学派的理论与马克思主义政治经济学的关系

调节学派坚持和继承马克思经济学，而不是马克思主义的政治经济学，也就是其学理基础是以《资本论》为基础的马克思经济学，而不是以《帝国主义论》为基础的马克思主义经济学。

1. 调节学派理论对马克思政治经济学核心概念和范畴的继承。①马克思关于生产力—生产关系以及社会再生产的论述。调节学派核心概念间相互作用的机理遵循了马克思关于生产力—生产关系以及社会再生产的论述。调节学派的工作始终围绕马克思的生产方式概念进行分析，他们认为每一个稳定的积累体系都一定需要生产力与生产关系之间保持系统稳定性。在研究社会再生产理论时，马克思将生产关系的再生产问题放在非常重要的地位上，生产关系的再生产是对生产关系中不适应生产力发展的某些方面和环节进行改革，从而以新的内容和形式来代替。这些思想认识在法国调节学派的理论中都得到了继承。②继承了马克思经济学中的核心理论与范畴。虽然他们创造了一些概念和范畴，但是基本的概念和理论基础仍然是马克思的，如资本积累、利润率下降等。③坚持和继承了马克思的利润率下降趋势理论。他们认为，利润率下降趋势的规律是马克思分析资本主义经济运行机制时最重要的理论工具，在坚持这一理论的同时结合资本主义发展的历史和现实，从各种制度结构及其功能入手，分析了资本积累的过程、动力、障碍因素及绩效。

2. 调节学派理论对马克思政治经济学的发展。①调节学派认为，马克思理论中的一些概念高度抽象，应该从中分离出若干中间概念，用来解释经济主体的相互作用及其规律。在生产方式概念的基础上，法国调节学派提出了积累体制、调节模式、工资关系等概念。②在马克思剩余价值理论基础上，法国调节学派提出了内涵型积累和外延型积累等概念。③对马克思的再生产概念进行了解构。在马克思那里，再生产一方面是物质资料再生产，另一方面也是生产关系再生产。调节学派则不再强调这种二重性，而是用“调节模式”和“积累体制”这两个单独的概念来解释。对于物质资料再生产环节，调节学派以工业生产范式这一概念进行分析；而生产关系的再生产则以制度形式为分析对象。

（二）调节学派理论与新古典理论、凯恩斯理论的关系

1. 调节学派理论与新古典理论的关系。调节学派理论与新古典经济学理论是对立的。新古典学派以经济行为的不变性为前提，不考虑任何时间和地点的特定性因素，它提供的是一种非历史的经济规律，不解释资本主义经济的历史演变过程。

2. 调节学派的理论与凯恩斯主义经济学的关系。调节学派认为，凯恩斯主义经济理论研究的是开放程度较低的经济，而我们现在面临的却是全球化经济。为了发展一种对资本主义多样化经济形态的演变进行解释的理论框架，应该从高度抽象的概念（如生产方式）中分离出若干中介概念（如积累体制和制度形式等），用来解释经济主体在相

互作用时表现出来的规律，然后再与观察到的经济现象进行比较。调节学派试图发展马克思的制度理论，把制度与凯恩斯的宏观经济学说结合起来，开创了一种新的历史和制度的经济理论。调节理论以现实条件为基础，它认为，适用于任何时间和任何地点的理论是不存在的，必须把概念工具和现实条件结合起来，不断创立新的调节方式和经济制度。

三、调节学派的其他经济理论

1. 调节学派的制度经济学理论。21 世纪初，法国调节学派完成了第一代和第二代的新老交替。他们认为，“各个社会主体都有各自的利益，他们在追求自己利益的过程中会产生社会冲突，而制度就是为了调节社会冲突而产生的，是社会主体在社会冲突中相互妥协的产物，其中，制度形成时的历史条件和政治交换对于形成什么样的制度起着关键性的作用。同时，制度、意识形态和政治媒介的相互作用形成了社会冲突调节的一般机制。”① 第二代学者继承了调节学派初建时期的方法论，继续强调调节理论的独特性，

① 吕守军. 法国调节学派的制度理论［J］. 上海交通大学学报（哲学社会科学版），2009（12）.

并在制度理论重建方面做出了巨大贡献。自 19 世纪以来，如何把经济的历史特点和经济理论结合起来一直是持久争论的主题。调节学派认为，新古典经济学不考虑任何时间和地点，提供的是一种非历史的经济规律，因而不能解释资本主义经济的历史性演化过程；而马克思有关资本主义发展的长期动力学虽然强调了社会关系和积累过程的历史特定性，但他使用的概念过于抽象。因此，阿加利塔和博耶这些调节学派的创立者们认为，为了发展一种解释资本主义多样化经济形态演化的理论框架，“调节”方法应该从更抽象的概念（如生产方式）中找出中间概念和模式，如积累体制和制度形式等，用来解释经济主体在相互作用时表现出来的规律性，最后再与观察到的事实进行相当细致的比较。调节学派试图通过发展马克思的制度理论，把制度与凯恩斯的宏观经济学结合起来，开创一种不同于从前的历史的和制度的经济理论。在调节学派制度经济理论的分析框架中，积累体系、调节模式和制度形式构成了调节理论的概念基础，当积累体系、调节模式和制度形式相互补充，一度足以确保资本主义扩张的长波所需的条件时，由此所产生的复杂体常常被综合性地分析为发展模式，调节学派运用上述框架对美欧资本主义从福特制向后福特制的转变进行了分析。调节学派第二代的制度形成理论，在继承第一代学者理论的基础上，突出了其理论的特殊性，并表现出其理论不同于新制度经济学、比较制度分析理论、美国激进学派和法国公约经济学的理论。

2. 调节学派的经济危机理论。调节学派不认同新古典经济学关于外来冲击造成危机的观点，认为经济危机可以从不同层次来解释，他们从对资本主义特定历史条件下资本积累过程与经济发展过程的统一上把经济危机划分为五类，然后进行解释。第一类是外部扰动造成的危机。这类危机是因为某一既定实体的持续经济再生产受到阻碍，或者是与自然或天气灾害相关的短缺造成的，或者是由源于外部事件或战争而导致的经济垮台而造成的。这种危机既不是因为调节模式的正常运行出问题，也不是因为积累体制的衰竭而造成的。第二类是周期性危机，这种危机是在一个既定国家某个时期的主导调节模式内发生的，它只能部分且缓慢地影响主导制度形式，而且它是一个稳定发展模式中调节的必要组成部分。第三类是调解体系的危机。与主导调节模式相联系的机制被最终证明不能克服不利的短期趋势，那么，这样的时期就被定义为调节体系的危机。当局部不均衡逐渐聚集并不再能被现行社会经济程序予以处理的时候，调节体系的危机便出现了。第四类是发展模式的危机。这类危机是由达到最本质制度形式的极限以及这些制度形式之间矛盾的产生来定义的。这类危机是由于最本质的经济模式出了问题而导致的危机，比如生产组织、资本增值过程、价值分配以及社会需求的组成都或多或少存在着问题，从而导致了的危机。这类危机是由于经济再生产动态过程受阻的问题而形成的，因而是比较严重的危机。第五类是主导生产模式的终极危机。当一种经济结构达到一种制度形式安排的极限，对现行社会关系集合的最基本层面提出挑战时，这类危机便会发生。这类危机与马克思主义理论中的危机较相似。

3. 调节学派的比较资本主义研究。调节学派作为比较资本主义研究中一个重要的理论派别，把分析重点从对资本主义发展阶段转换的研究，转向对资本主义多样性的研究，并运用制度层级、制度互补、协调机制等概念，对不同国家资本主义的制度结构和发展模式进行了比较分析。“从马克思主义理论那里，调节理论保留了对资本主义长期演化的兴趣，但是调节理论不接受马克思的继承者们坚持的宏大的资本主义理论。”① 把研究资本主义特定发展阶段的稳定存在条件及其发展阶段的转变作为要研究的核心问

① 张旭．调节学派的比较资本主义研究及其启示［J］．山东社会科学，2016（2）．

题，把资本主义的历史视为连续的阶段，为了对资本主义的结构形式和发展阶段进行理论上的深入分析，调节理论通过一系列中等层次的模型来建立理论和历史之间的联系。它们提出了一系列能够把马克思主义政治经济学应用于实际历史中的中间概念，用于研究资本主义的制度和实践。调节学派的资本主义多样性研究，是在批判已有的资本主义多样性理论，把资本主义多样性分析纳入调节学派的概念工具和理论框架中向前推进的。

四、调节学派的政策主张

法国调节学派从其基本理论出发，主张对资本主义的"国家与市场的关系、政府和企业的关系、雇主与雇员关系、国际经济关系"① 四大经济关系进行调节：

1. 调节国家与市场的关系。虽然"调节学派在国家与市场关系问题上持后凯恩斯主义观点"，但是他们强调了国家在积累体制中代表社会集体价值并对个人的意志和利益进行调节的观点，认为现代社会的复杂性、社会和技术发展范式的内在要求以及各国经济发展依赖性的加强更加突

① 李其庆．法国调节学派评析［J］．经济社会体制比较，2004（2）．

出了国家干预的作用，主张在加强国家干预的同时，通过制度建设规范政府行为，最大限度地减少寻租活动，充分发挥中介组织和机构的作用，使国家与市场相得益彰。

2. 调节政府和企业的关系。他们认为，当代资本主义国家调节方式的转变始于20世纪80年代，其背景是主要发达国家经济进入“滞胀时期、凯恩斯主义破产、国家垄断资本主义陷入危机”。国家调节方式转变的目标和任务是改变战后经济增长方式，使之适应新技术发展和国际竞争日益加剧的需要。其特点是，在生产和技术方面，强调对资本的集约投资，重视劳动生产率的提高；在企业治理方面，强调内部监督机制；在企业效益评估标准方面，注重企业规模的扩大；在劳资关系方面采用，集体谈判方式决定国民工资标准；在市场竞争方面，强调产品价格由生产成本加边际成本来决定。

3. 调节雇主和雇员的关系。调节学派认为，雇主与雇员关系的调节对积累体制的稳定具有关键性作用。雇主与雇员关系的调节包括雇佣关系的调节，劳动力使用和管理的调节，工资的调节，国民收入再分配的调节，就业培训、再就业培训、终身教育、分担失业的调节。为了确保由利润转化而来的投资增长与工人购买力增长相配合，需要凯恩斯主义国家干预政策的实施。资本主义企业的雇主与雇员之间要建立起较长时期和稳定的合约关系。

4. 调节国际经济关系。调节学派认为，国际经济关系的调节包括：市场调节保护正常情况下的市场资金的流动，保护消费者；确保银行支付能力，监督支付能力比率和内部控制；处理金融危机，解决银行破产问题，抑制系统传染。

五、调节学派理论对中国特色社会主义政治经济学研究的经验借鉴

法国调节学派理论被引入中国后，受到了马克思主义经济学研究领域学者的关注。贾根良对学派的起源、研究纲领的形成、分析框架等进行了早期介绍。李其庆对调节学派的基本理论观点和政策主张进行了全面的梳理和评析。中国人民大学吴易风教授的《当代西方经济学流派与思潮》中，在第 9 章中全面介绍了调节学派。北京工商大学的陈叶盛的著作《调节学派理论研究》（中国人民大学出版社，2012 年版），归纳了从 20 世纪 70 年代调节理论诞生开始直到当今，调节理论的发展历程，并对其主要分析框架进行了概括，形成了完整的调节经济思想史概述。近年来法国调节学派的理论日益受到国内经济学界的重视。

我国经济发展进入新常态的新阶段，习近平同志强调，

要立足我国国情和我国发展实践，揭示新特点、新规律，提炼和总结我国经济发展实践的规律性成果，把实践经验上升为系统化的经济学说，不断开拓当代中国马克思主义政治经济学新境界。在目前我们研究中国特色社会主义政治经济学、开拓马克思主义政治经济学新境界的过程中，可以从法国调节学派中吸收思想并加以借鉴。

1. 借鉴调节学派的基本理论，研究中国经济发展的新问题。

法国调节学派是在马克思主义政治经济学的框架内发展而来的，他们依据资本主义的新变化，研究了资本主义经济发展的新问题，建立了调节学派的的基本理论。19 世纪中叶，马克思和恩格斯以机器大工业时期的欧洲为蓝本，以资本主义生产方式为研究对象，创立了马克思主义政治经济学。此后，列宁也以资本主义生产方式为研究对象，分析了当时帝国主义阶段的经济特征。马克思、恩格斯和列宁时期的经典马克思主义政治经济学的研究对象是资本主义生产方式，研究任务是揭示资本主义社会的基本矛盾，研究社会主义如何代替资本主义。伴随着新中国经济建设和改革开放实践，我国社会主义生产方式不断发展完善。与经典政治经济学时期相比，我国经济发展进入了新阶段，也出现了许多新问题、新情况和新矛盾。借鉴调节学派的理论，开拓当代中国马克思主义政治经济学新境界，需要立足中国国情和经济发展实践，拓展政治经济学的研究对象和研究任务，在研究社会主义初级阶段生产方式的基础上，重点研究社会主义经济发展和经济运行，揭示中国特色社会主义经济发展和运行规律。对于我国中国特色社会主义政治经济学研究来说，非常重要的就是对我国经济结构转变的理解，必须在分清经济结构转变过程中出现问题的不同层次和不同性质的基础上，提出相应的对策来解决问题。借鉴调节理论，可以为我们解决现实问题提供理论指导。

2. 借鉴调节学派的基本理论，概括总结新材料、新事实。

借鉴法国调节学派的理论，开拓马克思主义政治经济学新境界，要重视对新中国经济建设特别是改革开放以来新材料、新事实的研究，进而概括为系统化的经济学说。习近平同志强调："在对历史的深入思考中做好现实工作、更好走向未来，不断交出坚持和发展中国特色社会主义的合格答卷。"政治经济学是人们在占有充分的历史和现实材料基础上，运用科学的抽象方法，透过经济现象而探讨其内在联系的科学。它以一定社会生产方式作为自己的研究对象，研究其发生和发展变化的客观规律。借鉴法国调节学派的理论，我们要研究改革开放以来经济建设的新材料。

改革开放以来，我国经济发展取得举世瞩目的成就，在理论探索上取得重大成果，形成了许多新材料。例如，在社会主义市场经济发展、初级阶段基本经济制度完善、国有企业改革、对外开放、农村经济改革发展等方面都形成了许多新材料，需要运用马克思主义政治经济学的科学方法，概括和总结其中的规律性，进而上升为中国特色社会主义经济理论。借鉴法国调节学派的理论，我们要研究现阶段经济发展中的新材料。我国经济发展进入新常态，出现了许多新问题新情况，也出现了许多新的事实材料，如经济发展从高速向中高速的转换、“四个全面”战略布局的展开、新发展理念的提出、“五化”同步协调发展、政府与市场关系的处理、跨越“中等收入陷阱”的实践等。中国政治经济学的创新发展需要系统概括总结这些新的事实材料，探索新常态经济发展和经济运行的新规律，并把它们上升为当代中国马克思主义政治经济学理论。

3. 借鉴调节学派的理论，提炼升华新理论新话语。

理论是对现实生活的反映、对实践经验的升华，理论必然要随着实践发展而发展。从来就不存在可以脱离特定历史背景和现实生活的普适的经济学。借鉴调节学派的理论，开拓马克思主义政治经济学新境界，要在坚持马克思主义政治经济学基本原理的基础上，依据马克思主义政治经济学与时俱进的特征，依据不断发展变化的经济实践，推动当代中国马克思主义政治经济学的创新发展。借鉴调节学派的理论，形成新的理论体系和话语体系。在广泛学习借鉴的基础上，要依据新问题、新情况、新矛盾和新事实，不断提炼形成新的当代中国马克思主义政治经济学理论，包括经济发展新常态的理论和新发展理念的理论，使市场在资源配置中起决定性作用和更好发挥政府作用的理论，推动新型工业化、信息化、城镇化、农业现代化、绿色化协调发展的理论，发展更高层次开放型经济的理论，实现全体人民共同富裕的理论等。当前，适应和引领经济发展新常态，尤须坚持以中国问题为导向，构建中国版的马克思主义政治经济学理论体系和话语体系。马克思主义政治经济学的科学性集中体现在其立场、方法论和世界观上，而不是一些具体论断上。借鉴调节学派的理论，开拓马克思主义政治经济学新境界，必须克服教条主义，适应时代变化，关注当代中国重大理论和现实问题，加强对中国模式和中国经验的研究，从中国经济改革、发展和运行的事实中概括出具有普遍意义的规律和论断；概括提炼与中国历史、文化、传统、制度和实践相适应，具有中国特色、体现时代特点和世界发展趋势的马克思主义政治经济学概念、范畴、论断和基本规律，形成既体现马克思主义政治经济学立场、观点、方法，又不同于西方经济学，并能同世界对话的政治经济学理论体系和话语体系。

六、《总体绩效：资本主义新精神》译介

2013 年，法国跳学界学派的创始人之一罗伯特·博耶（Robert Boyer）来西北大学经济管理学院讲学，做了三场报告，我们更深刻地认识到了法国调节学派的理论价值，2014 年法国调节学派的会议在巴黎召开，国内许多政治经济学研究者和马克思主义研究者参加了大会，我和康蓉老师也投了稿，文章入选了大会，但是由于其他事务的耽误未能成行，康蓉老师代替我参加了会议，并做了大会发言。从此，我们就和法国调节学派建立了联系。罗伯特·博耶教授退休以后，介绍了法国里尔一大的弗洛朗丝·雅尼-卡特里斯（Florence Jany - Catrice）教授和我们联系。雅尼-卡特里斯教授作为法国调节学派三大分支之一“政治经济”流派的主要代表人物，也作为法国政治经济学学会副会长，近年的研究聚焦在法国重大政治经济学问题上，包括法国社会模式的转变、社会经济学与经济政策、不平等转化中的社会科学、社会再生产中的危机、通过社会创新实现社会转型、法国 20 世纪公共统计学和政治权利、数

据中的权利等。雅尼－卡特里斯教授所代表的法国调节学派的政治经济学拥有三个分支，但其采用历史的分析方法，共同目的是系统性理解资本主义的动态发展；聚焦于资本主义的转型。她在金融制度、竞争形式、工资制度、国家与经济的关系以及国际经济关系的调节学派的核心概念上均有建树。

雅尼－卡特里斯教授近年来有大量研究成果聚焦在统计政策与量化社会科学、从大数政治学到目标驱动的政治学和经济业绩评估与测度上。她根据法国的实际，对比分析了关于法国区域性福利测度指标的若干体系，研究测算和使用价格指数中的矛盾，评价了公共政策或测度公共服务的绩效，研究了国家的财富及福利水平测度、新的财富指标的关键创建与评价方法，建立了社会可持续发现的新指标体系，包括联合国发展署的 HDI、HPI 指数、ISH 指标、“生态足迹”指数及法国的“Bip40”指数，重点包括这些指标体系的产生背景、采用的主要测度要素，发布过程中出现的新问题及研究人员做出的相应调整。她还是法国研究发布的“Bip40”指数的负责专家。

同时，雅尼－卡特里斯教授的研究聚焦于服务经济学，她研究了在法国创建“个人服务”行业的可能性、服务业体系与就业体系的国际比较、技能低下的劳动力及性别问题研究。她的研究方向是主要发达经济体二战后经历的从制造业向服务业的结构转变模式，她的大量研究成果不仅分析了服务业驱动增长的理论，而且梳理了各种模式对应的制度和文化框架。

2016 年，我们通过国家外专局聘任雅尼－卡特里斯教授为我院的专家，在我院作了三次讲座，在讲座期间聘任她为我们的兼职教授，我和她就调节学派和中国特色社会主义政治经济学进行了对话，期间她送给了我她的三部著作，我看了以后深受启发，于是萌生了翻译的想法，于是委托康蓉老师联系翻译事宜，经过紧张的工作，《总体绩效：资本主义新精神》一书的翻译工作终于完成了。

《总体绩效：资本主义新精神》是雅尼－卡特里斯教授的著作之一，也是我们西北大学经济管理学院翻译的第二本著作，该著作主要是对探绩效的形成过程的研究。本书的基本观点是，与个体一样，组织、国家都遵照整体绩效原则，整体绩效支配着个人行为与结果，并以此来影响、改良生产及其最终成果。绩效是一个协调生产要素并显示出强大影响力的机制，这个机制可以由数字来量化，建立相关的指标体系，每个个体都被要求遵照这一指导原则。在这种条件下产生出来的数字化标准在每个个体之间建立起一种具有象征性的有机联系，从而指导个体行为。

本书对绩效的形成过程的研究包括两个方面：一方面，确定一些社会经济变革，这些变革能够解释绩效发挥其重要作用的原因。这时候的绩效不仅是一种行为协调方式、组织参数和增值效应的认知机制、控制工具，也是一种意识形态，甚至是一种信仰。另一方面，本书提供一个综合视角，把前人有关绩效的研究综合在一起。在整体绩效研究的基础上，本书研究了现代资本主义精神，现代资本主义将整体绩效置于收益的核心位置，整体绩效成了资本主义新精神的一个重要组成部分。

本书共分为六章。第一章主要研究了“绩效”一词的语义组成的多样性。从玛雅·巴卡奇·博瓦勒的《荒谬策略》第一次提出绩效概念，开启绩效时代开始，分析了绩效的概念和双重词源概念，并进一步分析了绩效量化的重要性，同时分析了与绩效度量相关的制度变革和价值问题，以及调节学派最初的生产力概念随着金融资本主义的产生而向绩效概念的转变。第二章主要研究服务业的绩效，包括第三产业的评定、现代经济中生产力增益和经济增长的结构性下降、服务产品的多维性。第三章主要研究工作关系的个人化与绩效。首先研究了工作关系的个人化，认为当今社会最大的悖论是一方面工作前所未有地持续分化，在所有经济系统的元素中创造出一种有机的统一，但另一方面，自治与个人化的趋势也前所未有地如火如荼。日益增长的个人化趋势首先依靠的是个人薪酬体系。与个人化相对应，产生了个体绩效。为了克服个体绩效的不足，于是出现了“总体绩效”。总体绩效是所有促进性因素的集合，对于这些因素没有人相信其效果，但所有人都在响应并且必须屈膝遵从。在此基础上，研究了总体绩效的方式、体制和管理，总体绩效和个人绩效的关系。本章的研究结论认为，整体机构不能被简化为个体的集合，同样，个人绩效不能保证总体绩效，从而将实现保护公共财产的社会政治条件放在首位。第四章主要研究“现代化”国家的绩效。本章从公共政策的“评估”或公共服务的“测算”入手，研究了公共政策的评估需求如何使追求绩效变得合理。此外，本章还研究了作为总体绩效机制的基准分析法。基准分析法是一种旨在把绩效差异数据化的机制，它鼓励将经济单位业绩表现最好的人作为“标杆”（Bruno，2008），作者又研究了这种构建评判标准的方法如何进入国家绩效测算领域。第五章主要研究绩效与量化问题。首先研究了数据所具有的奇异能力与权力，并论证其在个体的工作过程中如何取代原来的绩效。在此基础上，作者进一步研究了数据的社会性能，分析了数据在认识论上的中立性，数据如何消除了社会关系中的个性化以及数据本身所具有的直接性、快速性和简易性。最后，作者还研究了数据取代概念的发展趋势，认为现代社会无论是在可持续发展的生产方面，还是在生活质量与社会福利方面，概念都似乎在元叙事的背景下越来越不被看重了。相反，它越来越让位于指标清单。第六章主要研究了绩效体制的多样化，归纳了从评估标准上划分的单一维度绩效、多维度绩效以及从制定过程上所划分的规划式和协商式绩效体制。

总体来看，本书是从资本主义由福特制向后福特制转化过程中的新变化入手来研究总体绩效问题。本书的思想对收入分配、企业管理、人力资源管理、社会政策评估具有重要的借鉴意义。

感谢雅尼 - 卡特里斯教授在版权方面做了积极的努力。感谢西北大学经济管理学院的康蓉副教授、我们与调节学派的联系方面以及与雅尼 - 卡特里斯教授的联系、国家外专局项目的申报，雅尼 - 卡特里斯教授的几次来访，她都做出了许多辛勤的工作。对译者周晓飞在此也表示衷心的感谢。同时感谢西北大学学科办、外事处对此项工作的支持。

2017 年 8 月于西北大学

引言

一、绩效是什么？

“绩效”一词已经贯穿于经济与社会生活的方方面面，它是一个使用方便的“混合词”，可以用来描述各种现实；但同时，它也是造成模糊与限制的源头。

就接受程度最高的定义来说，它源于管理学范畴，但也有人质疑这种说法（详见第一章）。根据这一定义，在可测量的范围内，绩效是结果与单一、确定的目标之间的量化比较。这一盎格鲁-撒克逊式的测量方法既包括审计，也包括控制；同时，它也暗含着标准与要求。

这个由审计管理延伸出的定义是有其唯实主义方法论基础的，就如阿兰·德波热艾尔（Alain Desposières）① 在

① Alain Desposières（1940—2013），法国社会科学高等学院著名的统计史专家，同时也是社会学家、历史学家与统计学家。

2008年所说的那样：“绩效”的词源就已经包含一个假设——现实与结果先于测量而存在，又只能被测量所揭示。这个说法很犀利，透过业绩看到了应该解决的问题，而不是像一些人所认定的那样，业绩是由管理者创造出来，并最终会自动接近每个管理者自己思想与行为的效率。这个说法与我在本书中所提出的观点并不相同，并对设备与测量的构成主义表示否定。在本书中，我将会证明：没有对多种选择的揭示，尤其是先于绩效产生的众多“认知蒙太奇”（Desposières，2008），也就不会有针对绩效的深度讨论。绩效分析必须同时伴随着对绩效的产生、发展、用途所处的社会政治条件的清晰解释。

二、研究的目的

本书当然不是首次涉及绩效这个主题的著作。阿朗·爱伦伯格（Alan Ehrenberg）1991年就发表过一篇相关论文。在这篇论文中，他阐释说：“围绕绩效而产生的个人主义和集体主义崇拜是一系列交替转变的结果。”他一共指出了三种转变：行为模式的转变——越来越偏向于企业家；自我实现的转变——以对消费价值的无限信任为特征；精英价值观的转变——精英们更倾向于从竞技运动员身上吸取灵感。这些变化是为了激励每一个个体来提高绩效以生存。“绩效模式将行为（工作）和判罚（竞技体育）结合在一起，并使其带有个人生存风格（解放）。个人似乎已提前得知一些禁忌，并因此导致他无法完全自主地选择自己的生活方式”（Ehrenberg，2004）。即使这些在社会总绩效体制建设中的个人主义倾向的变革是不可或缺的，我们也应该看到：它们不足以形成完成一个符合集体标准的总绩效。

本书也将探求绩效的形成过程。探求的过程包括两个方面。首先是识别一些社会经济变革，这些变革能够解释绩效发挥其重要作用的原因。这时的绩效不仅是一种行为协调方式、组织参数和增值效应的认知机制、控制工具，也是一种意识形态，甚至是一种信仰。其次，本书还将提供一个综合各种研究的视角。这些研究包括带来绩效的行为，已经被许多人的研究涉及，其中一些甚至被深入研究过。我认为正是这些研究综合在一起，才在实际行为中为我们带来总体绩效。

我支持下述论点：如同个体一样，组织、国家的行为都遵循整体绩效原则，这是一个结构性倾向。整体绩效支配着个人行为与结果，并以此来影响、改良生产及其最终成果。因此，它成为一个协调生产要素并显示出强大影响力的机制，这个机制可以由数字来表现出来。数字化既完全达到了“去背景化”的要求，又整体上被物质化手段持续表现出来（这是源于数字的特殊属性）。每个个体都需要遵照数字化这一指导原则。在这种条件下产生出来的数字化标准在每个个体之间建立起一种具有象征性的有机联系。

三、资本主义的新精神？

我们将进一步研究的整体绩效机制并非一个偶然产生的事物，它与现代资本主义是同步的。然而，现代资本主义还带有很大的模糊性。在经济与社会变革及其带来的危机发展节奏不断加快的条件下，界定“后福特主义”已经成为一个不可能完成的任务。在结构性失调中，现代资本主义将整体绩效纳于工资比中。因此，整体绩效成为“新精神”的一部分（Boltanski & Chiapello，1999）。“新精神”打破了组织框架，鼓吹将个体的“本身优点”目标化。在确定经济指数所谓的中性价值特征上的合法性时，“新精神”显示出它的必然性，并能促进组织达成一致。

反对的声音也存在，且是通过多种渠道具体表现出来。有人甚至质疑整体绩效本身，并强烈要求在指数构建过程中对个体或者公民进行真正的咨询调查。还有人呼吁走出量化这一迷途，认为量化不仅没有正面作用，甚至还会起到破坏作用。

四、研究框架

近二十年来，追求总体绩效作为一种机制在实践中并没有明显的魅力，还不足以让个人、组织、地域、国家必然为之折服。我也认同这种观点。在参考了“绩效”这一词语的语义组成的多样性之后（详见第一章），本书将会表明，当下的绩效追求是以与福特主义的妥协为前提的。为了达成妥协，生产过程中与产品有关的许多不确定的因素都要被一一考虑到。

在整个社会经济逐渐转向服务经济（详见第二章）的趋势下，“产出”本身也逐渐变得不确定了。“生产率”作为一种协调、激励和认可的机制，如果机械应用，就会变得棘手起来。因为此时的生产率还涉及服务行为的实施，尤其在服务行为是照料、陪伴、医疗、信息传输甚至是进行知识的积累与沟通的时候。对于“服务”的无知，也就是说，无视服务行为的做法以及服务业本身的难以量化，导致测量手段以工业化模式来给服务业定“规模”。

巩固整体绩效时代的第二个过程是工作关系和认可机制的个性化（详见第三章）。个性化获得合理性是在 20 世纪 90 年代（Boltanski & Chiapello，1999），然而，它的出现却巩固了总体绩效机制，并与总体绩效机制的团队信仰相伴而生。尽管个性化不是整体绩效和团队信仰的核心因素，但是它实实在在地促进了二者的发展。

生产体制、消费以及社会关系的这种结构性变革，从长远来看，并未损耗掉影响整体绩效发展的所有积极要素。这种变革与政府实施“改革”的动力紧紧联系在一起，而且正如文森特·德·高乐雅克（Vincent de Gaulejac）所提出的那样，与“量化症（参见美国社会学家皮提瑞姆·索罗金（Pitirim Sorokin）的作品，他对这一概念有着权威的解释。）”的动机也密切相关。量化症是对数据与量化的一种狂热追求，是一种“测量上的病态执念”（Vincent de Gaulejac，2005?；2011，P. 188）。在国家的“现代化”趋势（详见第四章）之后，与我们所料不同的是：多种态度交叉叠加的越发深入。寄希望于评估公共政策以带来良好效果的人，认为这具有程序性正确的特点；而与之相反，更看重效益及其指数的人则将其在公共行为选择之前或之后合法化。这种双重判断标准带来大量麻烦。对公共政策和绩效测度上的评估态度的矛盾，正是建构主义和现实主义观点产生差异和混乱的源头。这个矛盾一方面维护着测度观点上的非政府主义特点，另一方面又在个人问题还是集体问题上保持模棱两可的态度。资本主义及其内部协调上的操盘手们（其中，经济学家与管理者是顶级操盘手）。在个人和社会两个层面上不时转换着观点。比如，他们提出个人绩效的积累可以产生社会和集体绩效，然而同时却忽视了公共财产的确认与维护问题。

第五章将继续做深度研究，并将揭示量化的普遍化所产生的重大影响。在从“估算时代”到“测度时代”的体制性转变中，量化伴随着测度的“数字时代”（Beau，Prévoste，2000）而发展。数字时代最大的特色就是将数字应用到了人类生活中所遇到且要研究的“所有”问题：工作，业余活动，以及隐私、个人或公开场合的生活。

总体绩效机制的出现可能与四种同时产生的最为成功的变革相似。同时，总体绩效机制也逐渐替代了联合绩效、专项绩效与多元绩效，无论是在工作绩效评估方面（Dejours，2003），还是在公共政策绩效评估领域（Monnier，2002）。

然而这种发展新趋势，即我们所命名的总体绩效，与其他多种绩效机制是可以兼容并存的。这一点我们在第六章中一定会有所阐明。这种兼容并存一方面可能与过去机制（福特主义机制）的弹性相关，另一方面也可能是与改变中的该领域的抗拒性相关。与抗拒性相关的支持者至少暂时认为：一些效率或者绩效的评定模式应该被确认，有时甚至应该被鼓励。他们坚持这种抗拒性的发展趋势，是因为要提出两个条件：第一，绩效不应该被视为只具有单一模式，而应该被视为存在多样性（定义上的多样性、目标的多样性、接受目标可能存在的矛盾，以及从不同视角——如政治——看待问题；第二，已被确认的绩效模式的合法性应该取决于一个长期检验的过程。至此，绩效制度的定义包含了它所拥有的所有意项：它是一项社会建构中的成果，这项社会建构倚靠基于目标和实现方法的契约，倚靠测度和评估方式上的事先达成的协议。

第一章　绩效及其词源

应该创立一套绩效模式，使之便于测量、审计，并能合法、合理、具体地与外部机构交流。

（Power，2005）

一、绩效

在2009年出版的《荒谬策略》中，作者玛雅·巴卡奇·博瓦勒（Maya Bacache-Beauvallet）深入细致地描写了绩效时代。我们在此引用一下这段描述：

事情发生在一所法国大学。不少学术权威和学术领军人物组成的科研小组莅临了现场。大会拖沓冗长，有的学生昏昏欲睡，有的只是假装倾听，和平时上课没什么区别。临近尾声，一位科研负责人问道："哪所大学最具创新精神？"所有人笑而不语。于是他继续问道："真的没有吗？像所有公司来说，假如我们要汲取灵感、促进学校发展，让没有创新力的大学重回创新方向，那么，知道哪一所大学最具创新精神就是很重要的。”于是，观众们明白了。笑声渐渐消退。有胆大的学生插嘴：“您想表达什么呢？是创新精神吗？”“创新精神取决于所在领域，取决于学生和老师。并不是有一张专利证就是创新。”另一位科研负责人及时平息了这场即将激化的辩论：“我有个想法，我们可以建立一套评判标准。”“关于什么的标准？”“一个让不同学校的学生都能参与评定的创新等级标准，这样，就可以知道哪所大学最具创新精神。”所有人松了口气。没错，解决办法就是我们要建立一套评判标准！……这时所有人看起来都似乎显得很专业了。言而总之，公司不就是这样管理他们员工的吗？不就是通过一套绩效评判指数吗？”

要衡量绩效，就当然要先评估工作。不是所有评估方式都能奏效，更别说面面俱到的方式了，要在数量基础上衡量工作效率和任务完成度。博努瓦·海勒布朗认为，绩效是指个体相信自己有能力独立控制事情进展的理想化概念。根据这一概念，人成为一个控制系统中不可或缺的因素，在该系统中，计划在目标的指引下稳步推进。然而，“绩效”和追求绩效的想法是从何而来的呢？对于“鼓励机制”的主流概念，该采取何种批判制度呢？又应怎样建立一套公众认可的制度呢？

二、双重词源概念

我们已经分析了一个词语的现实重要性，还有必要追溯它的词源吗？目前看来是有必要的，原因有两个：一是“绩效”的词源决定了它拥有多重含义；二是由于数据支持和这个词本身的多义属性带来了很多认识上的困难，我们很难把握它的准确含义。

“绩效”的双重词源虽然容易解释但又模棱两可。一方面，在盎格鲁－撒克逊语中，“to perform”表示功绩或收益。它最初的修饰对象是动物和机器，现在引申为用来修饰所有的客观事物和情形。“to perform”有动态意义，是表示动作或结果的一种动词形式。我们通常把“performance”理解为一场戏剧（表演），或是一场音乐会（演奏）。

另一方面，拉丁词源更注重表意，含义往往偏积极，较之事物的表面，这种理想化的表达更适用于它的内在优点。“绩效”意在追求卓越品质，反映一个社会的生产力等。根据这一词义，绩效更注重结果而不是动作或过程，从语法上说，就是“有效率”。

人们经常可以看到，这种双重词源不仅适用于日常用语，还适用于社会科学领域。因此，在列举有关绩效问题的文献时（“生产力”渐渐成为“绩效”的替代词），我们发现现存最早的数据文献源于司法用语。霍华德·罗·瑞尤于1864年在《哈佛法律评论》发表了《相同绩效的持续保障》(Successive promises of the same performance)。文中，他界定了这个词的常用含义，并将其与“合同”自然而然地联系了起来。当人们签订合同的时候（在英文中签订合同即为“to perform a contract”），“performance”一词法律术语翻译不仅包含合同里承诺的东西，还包括了合同中需要实现的东西。“他有义务完成合同，他的协议方享有最终成果。”我们同时发现，在英文的表达中，“绩效”和“效率”都被赋予了现代含义，在此基础上，“perform”一词的阐释就已经引申出其他意义，无论是指结果还是效果。甚至可以说，“阐释一个现象就会导致一个现象的产生”。

总的来说，绩效不仅越来越倾向于表示结果，还表示达成结果的最佳过程，从而导致了其含义的模糊性。与此同时，词语的多义性越来越规范，反而导致含义翻倍。不过，在多种阐释中，数量化始终是大家都认可的。

当下，尽管“工作业绩”的概念已经非常普及，但在工作和招聘领域，“业绩”仍然保持了“绩效”的双重词义。“工作业绩”通常被认为是有偿劳动中最主要的评判标准。在人力资源管理工具中，薪酬激励制度就是以工作业绩为衡量尺度。这一衡量尺度同时伴随着个体双重薪资价值：自愿服务和强制合作。

在最新的几种绩效考核标准中，量化目标与考核参与者已经产生了必然的联系。这些目标将绩效置于远景比较中：既可以是历时性比较，绩效随时间而增长，因此被视为可无止境地提高；也可以是静态比较，在与他者的比较中使用一些其他评判方式。比较中产生的这些评判有时会导致一些非常态的目标，然而，这些目标却是理想绩效所能达到的最高程度（通常叫“最优化方法”或“基准点”）。这种绩效在劳动力市场上直接把参与者置于竞争意识状态，本身就具有竞争特征。

三、量化的重要性

伊利茨（Illich）曾经写道：“处在由他人制定的某一度量体系——其作用为测量他们的个人发展——中的人，将很快就只知道乖乖就范，任人评判自己。没有必要将他们置于规定好的位置，因为他们会自动走过去，犹如小动物钻进自己的窝一样——发号施令者其实就是他们所接受的训练而已。”不仅如此，在这一过程中，他们还会将自己的同类也引向他们的位置，“所有的物与人”必须“和谐地聚在一起”。[①] 伊利茨阐明了量化发展的结果：绩效指标会成为达成业绩的标志。现在关于绩效的理念中，上述理念的重要性是普遍存在的，它们将在本书中占据非常重要的位置。

为什么呢？因为从绩效机制的实施状况来看，对个体、系统、土地或国家绩效的评定，只能通过量化数据来处理。原因有很多，我们将在第五章中详细解释。但其中一个原因是，不论从被当作载体的含义来看，还是从我们赋予的用途来看，绩效的概念都是丰富多样且约定俗成的，但是我们注意到，至少在二十年前就有一种倾向，那就是这些指标体现了一些概念并且赋予了它们可行性，尽管这种可行性有时并不会存在。我们打算建立一套可持续发展的指标体系——由一套综合指数构或，或者是一套评估生活质量的指标体系。但毫无疑问的是，这套体系必然与集体惰性和奢望政府的高效运作方式有关，而政府却总是因循守旧的（并依赖一些只能提供没有意义的量化数据的智囊团）。因此，这种做法与我们所处的后民主社会中的一种现象毫无二致：协调迁就与信心破灭并行不悖，普遍存在着。

但是数据化信息大部分时间都在充当一个“黑匣子”。

① 转引自马赛拉·噶加多（Marcella Gajardo，1993，P4）

它的出处无所考察，似乎自身就可以构建某一真实存在的事实。这与公共统计数据完全相反。公共统计数据的出处都是由它们的产出机构所保障的（Desrosières，1993），这些机构同时也是这些数据完整性的担保人——使用绩效评定指数的社会政治条件却鲜少被公众所熟识，也几乎没有人质疑这些状态，争论也就更不存在了。

与其他重要而有用的知识形式的标准不同，绩效指数一出现便被视为一份被确认的协议。似乎只要人们公布一个用来量化社会现实的数据，这份协议就会立即指向某一已经被接受的知识，而且该知识已经被清楚明白地阐述过了。

但是，可见性只是流通中某一可能存在的环节。希瑞尔·勒缪（Cyril Lemieux）于2007年曾经说道，正是由于可见性发挥了作用，我们才能建立起真正的流通领域的社会学。我们感兴趣的是，流通可能会使评定标准受到争议，质疑它的稳定性，更甚者会摧毁它虚假的价值中立态度。在社会科学层面，在一些社会政治情况下，社会现实会被量化，这些情况的可见性并不会把量化的工作变得无效，但会把思考的方向引向预先设定的评估机制中，多种选择从源头上就已经可以自圆其说。同样的道理，绩效指数也完全可以这样自圆其说。

可以用失业率来为我们的话题做注释。这个指标作为一个被大众最为认可的绩效外在体现，伴随着经济增长而出现，既是公众对发展进步进行集体评价的核心判断之一，也是形成评价判断内容的重要因素之一。国际劳动组织对失业的定义基于三个准则："没有工作""正在找工作""很快就可以找工作"。如今，这个定义已经逐渐被采用，正如布鲁诺·拉图尔①和斯蒂夫·乌尔加②所描述的第五种科技语言那样，"这是公认的说法，虽然不显山露水，但是应该注意到，并且把它们摆到明面上"。

专题 1.1　布鲁诺·拉图尔谈科技语言

第一种科技语言指向简单的推测或者是思辨，我们一般可以在文章末尾或者交谈过程中看到；第二种科技语言包含有"模态"，也就是说，阐述者相对于自己的语言表现出自己的立场，比如"看起来似乎……"这些模态通常会以假设的形式出现，而假设将来必须要得到检验。第三种科技语言涉及到两种科技语言之间的假设关系，

---

① 布鲁诺·拉图尔（Bruno Latour，1947—），法国当代哲学家、人类学家和社会学家，STS（科学、技术与社会）巴黎学派的创立者，以科技与社会之间关系而闻名于世。

② 史蒂夫·伍尔加（Steve Woolgar，1950—），英国社会学家，曾与布鲁诺·拉图尔一同撰写《实验室生活：科学事实的建构过程》（Laboratory Life：the Social Construction of Scientific Facts）。

它们都在其他“模态”中有叠加的关系。第四种科技语言致力于描述一项已经被接受，并且已经被明确地表达过的知识。至于第五种科技语言，它们与一种被视为经验的事实相应和，并不经常出现，因为它们属于被默认的知识。

从第一到第五种科技语言正好如爬台阶一样，逐渐由假象过渡到事实。实验室的工作就是要将第一种科技语言变为其他种类，最终目标是产生尽可能多的第四种语言。

引自：Latour，1998

至于经济学与社会学语言，这种现象则更加突出。因为这两个领域的语言可不是仅仅专家使用。它们在范围更大的圈子里传播。在这些圈子中，最高层次的位置由政治和媒体分别占据着一席之地。尽管失业指数成为集体评判的标志，但是与此同时，它也要与局势相挂钩。坦率来讲，政府每个月末登记的求职者数量的变化就是执政效果晴雨表。然而，只要不质疑失业这个社会和经济问题的重要性，找到打开失业问题这个黑盒子的方法就变得很有意义了，正如 2006 年底“另类失业数据组织”（ACDC）公开做的那样，还有 2009 年洛林数据库组织（collectif Lorraine Data）所追求的那样。由民间团体“不公平现象警告网”所创立的 ACDC 一贯以批判的眼光来看待那些政府措施以及它们的作用。在对失业所做的调查工作当中，作为例证，他们首先强调了个人在全民就业办事处注册的总体数字（2006

年9月的统计数字为445万）和传统定义下失业者数字（仅为217.2万）之间的巨大差别。这个差别说明“隐形失业”① 的数字正在以惊人的速度攀升。

洛林数据库坚持将这项破除统计旧俗的工作不断深入，尤其反对政府对统计数据越来越多的“修补行为”。这些行为只不过是意在“阐释那些对（政府）目标有利的统计数据，致力于将数字化的统计指标变得扑朔迷离……或者对政府施压，以促使其编造出符合他们自己设定的目标数据”（洛林数据库，P7）。他们卓有成效的检举不仅立足于对失业数据处理方式的观察，还借助于购买力、贫困、教育、移民以及犯罪等因素。在这张当代重大社会问题的清单上，我们现在还可以添加上债务数据。对于添加债务数据的做法，本杰明·勒穆瓦（Benjamen Lemoine）曾经在一篇令人激赏的文章当中阐述过，文章的背景是针对财政部建立债务指数表的讨论以及由此引发的法国民众的大争论。但是否应该也建立财富统计数据——这正是多米尼克·梅达强烈建议我们要做的事情，提出同样建议的还有20世纪90年

① 在隐形失业之中，我们可以看到海外省的失业数据（2006年9月为220000）、寻求临时工作者或者是部分时间工作者（871000），免去找工作者（412000），功能受限性失业者（452000），无法即时就业者（321000）。

代末的 FAIR[①]？简单来说，在现代资本主义体系内，任何重大经济或社会问题都无法逃避量化统计。缺少对这个问题的解答将会引起统计与民主之间的统合问题。

四、从估算到度量：制度的变革

理论上说，“度量”一词倾向于在可度量范围内表示客观存在的事物，所以，我们可以测出鲁昂第六座大桥——福楼拜大桥高 86 米。这种说法是建立在度量单位基础上的，有了它，争议就会大大减少，直至不足以引起注意[②]。但当它（度量单位）被置于评估过程中，比如公共政策评估中时，度量就失去了中立性。此时，它失去了在其他领域的许多功能，或者是最小化了自己的功能——量化。

从 1993 年起，阿兰·德斯罗思尔（Alain Desrosières）不断反复强调，量化意味着在任何情况下，都要经过一系列程序，预先确定一套测度体系，通过这套程序包括对比、协商并达成共识，对测度对象应进行表达、登记和编码处

① 即 Forum pour d'autres indicateurs de richesse，其他财富指数论坛。

② 我们也可以质疑这种度量方式的权威性，它并没有独立于公共测量科学。比如，我们也可以采纳用英寸测量的方法，甚至用身体来测量，以及其他生活经验来测量。

理。量的类型包括失业度量（有个问题有待回答：“什么样的人才能被称作求职者呢”）、购买力度量（它提出的问题是关于一揽子商品和服务的消费方式）、债务度量（有必要为公共行动配备一套总负债或者净债务的指标吗?）、贫困劳动者度量，甚至是塞西尔·布鲁斯（Cécile Brousse）提出的“无固定住处者”[①] 的存在性和度量。然而，确立这些价值评价体系就必然涉及政治与技术两个方面的术语定义。这种评定十分重视绩效的重要性，绩效不是——更确切地说——不再是我们常说的估算结果和目标之间差距的手段，而是度量数值结果和数值目标之间差距的手段，有了这种转变，我们就进入了量化时代。

五、价值问题

绩效不能被视为个人价值的现代版吗？于连·米拉纳

---

① 塞西尔·布鲁斯（2002）指出，“2001 年无家可归者调查”并没有考虑非常不稳定的居住条件。这项调查认为无家可归者——一个人的前一晚的居住条件为下列两种情况之一：求助于住宿收留组织，或者住在一个预先并未考虑过的住处，如道路、临时住所等（Brousse et al, 2002：2）。布鲁斯认为，有将近 30 万人没有被统计进去，其中有 13 万人住在移动住所里，5 万人住在需要付费的旅馆房间里，4 万人住在临时建筑物中或者是临时住宅里，8 万人有条件地住在家庭成员的住处或者是朋友家里。另请参见 Brousse（2005）。

斯（Julien Milanesi）强调，不管在多么科学的框架里，也很难对价值进行定义，因为从19世纪末起，“学科之间的差异得以明确，每门学科都把内部价值转化为理论构造”。自11世纪起，我们就知道价值有双重含义，而它也逐渐被二分化。其中一个含义接近道德层面，只要一个人有价值，就说明他是有功绩和优点的。“价值”是个人对真、善、美的评判，也是对评判自身的评价，由此形成了价值的等级或价值体系。

第二个含义则是经济领域内的一个支柱性概念，即物质价值，也就是安德烈·奥尔良（André Orléan，2011）在《价值帝国》中所强调的新古典主义者所认为的实用价值。他进一步指出，在获得价值的时候，商品“具有一种特殊的客观形式”，也就是价值的客观性，它是由实用价值转化而来的。有一种理念认为，“商品本身具有某种特性”或者是某种物质（Qrléan，2011），这本是基于作者的一个大胆假设，并试图囊括一些经济关系，以便维持“经济领域之外的集体信念”。正是由于引进了经济关系，当代经济学才能相对于其他社会科学有了自主性。在与价值引进社会关系这一理论相决裂的时候，安德烈·奥尔良不仅与主流理论分道扬镳，更是在社会科学领域恢复了经济学的自主地位，强调了价值形成时潜在的社会关系，其中还包括商品交换领域中的社会关系。

六、经济增长与生产力：危机中的概念

绩效是随着政治经济学的产生而产生的吗？被土地产出问题困扰许久后，重农主义者提出了第一个解决方案，那就是“生产力”，通常被理解为“生产的能力”。1945年，弗拉斯蒂耶指出，生产力在当代，成了“人类劳动产量”的同义词，它被定义为“国民经济部门在单位时间内由工人创造的劳动总量”。生产力成了解释“黄金三十年”① 期间生产总量迅猛增长的便利机制，它准确地了反映了一部分事实。

这个概念存在着内部的冲突。一方面，我们可以看到一种共识，即当代资本主义与“黄金三十年”时期以严格监管而闻名的福特制已经没有多大联系：与工作相关的社会协议成为泰罗制公众可接受程度下的工人的劳动与购买力和社会福利进步的承诺之间的关系。另一方

① Les Trente Glorieuses，也译作“辉煌三十年”，是指二战结束后，法国在1945年至1975年这段时间的历史。在这三十年期间，法国经济快速增长，并且建立了高度发达的社会福利体系。法国人重新拥有世界最高的生活水平，工资大幅上升。并且许多农村人口迁移至城市，法国进入城市化社会。——编者注

面，福特制共识所依赖的机构性调整和最初观念也在很大程度上处于被质疑的地位，并且质疑的程度还在不断加深。

我们再进一步阐释。对调节学派来说，经济增长体制就是一种积累体制，它以一个经济体的长期规律性为特征。通俗来讲，它分析和阐释提高生产力所使用的方式、方法以及研究生产力提高之后人们对它的运用。因此，它对人口生存条件的变化也有研究。

所以，调节学派把生产力的概念纳入解释框架之内，认为生产力在再分配中实现的收益可以促进全社会的进步。他们的理论论证的中心与商品和服务的无限增长紧密相关。在他们看来，工作效率的不断提高可以促使生产无限扩大。生产力的提高所带来的收益取决于工作中技术资本的增加，取决于工人对工作任务的自觉完成，以及单位产品上的投资节约。

从历史学的角度来看，原先的经济增长和生产力的概念已经过时。作为与科学、技术、统计和政治等领域都相关的概念，无论是对财富的增长，还是对工作效率的评判，都已经引起大家的质疑。然而承认这一点又非常艰难，包括制度经济学学者也是如此认为。直到让·盖德雷第一个在法国指出了制度经济学中隐含的这一巨大危机。制度经济学源于协议经济学，或者更宽泛来说，也出于调节学派。尽管在福特制或者其他工业主义经济学中进行了调整，但是建立在以男性为主要雇员基础上的生产力与经济增长概念已经失去了意义，无法应对现代资本主义所提出的挑战。一方面是服务业所带来的挑战。现在西方各国的经济很大程度上已经第三产业化了，也就是说物质资料的机械生产会越来越少，取而代之的是医疗、陪护、教育和信息等产业。然而，经济增长的概念总是围绕着生产总量的扩大而出现的，我们能像衡量生产总量一样衡量健康、教育、陪护的总量吗？社会和生态带来的挑战急切要求我们制定出最终的经济模型，这关系到大众的福利，也是公共生活的关键。一些指标可以显示财富的积累和社会的进步，但不能显示当代社会涌现的挑战和我们社会面临的危机。比如，再大的国内生产总值也不能解决社会和生态问题。

用 GDP 指标、经济增长指标衡量财富和社会进步的局限性已为研究所证实、公众所熟知（Méda，1999；Viveret，2003；Gadrez & Jany - Catrice，2005），并在 2009 年受到由斯蒂格利茨（Joseph Stiglitz）、瑟那（Amartya Sen）、费图

斯（Jean – Paul Fitoussi）等人组成的委员会的批评①。必须承认的事实是，GDP 指标以过于积极的方式记录了所有形式的经济活动，不论它们的最终结果如何以及外部性怎样。它无视扩大生产后经济成果的分配问题，以令人质疑的方式划定未来将被证明具有合法性的参与生产的经济活动范围。作为一个流量指标，它无视环境、社会、人文方面的人类遗产状况，而保护这些遗产是所有人类所应尽的责任。在这里我们看到：经济学家眼中最重要的观念——国民生产总值（GDP）——已经遇到了危机。与其境遇相同的还有经济增长的生产本位主义模式。

七、从生产效率到绩效

建立在更广泛的生产力和绩效基础上的流动趋势分析有几个不同的数据来源。我们刚刚提到过以下几个：服务

---

① 该委员会由法国总统萨科齐在 2008 年组建。其目标是为法国，甚至欧盟提供一套新的“经济绩效和社会进步指数体系”。该委员会的研究工作所提出的批评分析可以参见 Fair 的网站：http：//www. idies. org/index. php？ category/FAIR。尤其要注意的内容是让·盖德雷（Jean Gadrey）和多米尼克·梅达（Dominique Méda）的文章《斯蒂格利茨委员会：公正的诊断，但仍过于谨慎的建议》，也可以参见雅尼·卡特里斯和梅达 2011 年出版的著作。

行业的效率有待考虑到生产力当中，之前占据的比重过低；绩效从传统领域扩大到当下社会越来越关心的一些“限制”上来，尤其是生态限制。

对生产力的研究分析向绩效分析的转变是显而易见的，从几十年来的以 Econlit 资料库为基础的各种专业杂志上的文章标题中就可以看出来（参见图 1.1 和图 1.2）。Econlit 由美国经济学会创办维护，完整地收录了书籍、杂志、工作论文和公开发表的论文等。

在图 1.1 中，我们统计了 Econlit 资料库所收录的参考文献的标题并进行了对比分析。通过图 1.1 可以看出来：直到 20 世纪 60 年代中期之前，有关绩效和生产力的参考文献非常少。

生产率出现频率比较

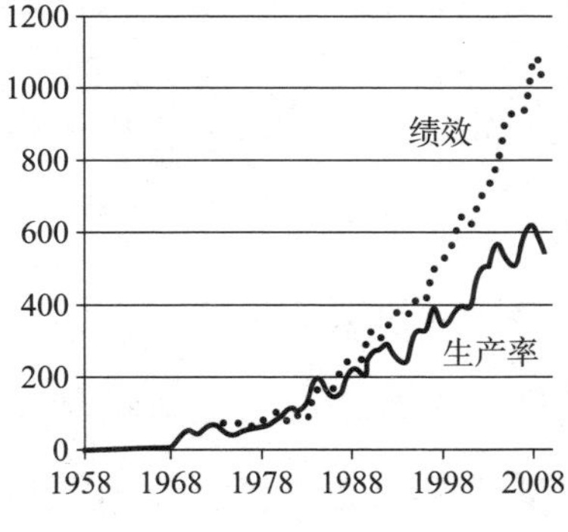

图 1.1　绩效/生产率出现频率比较

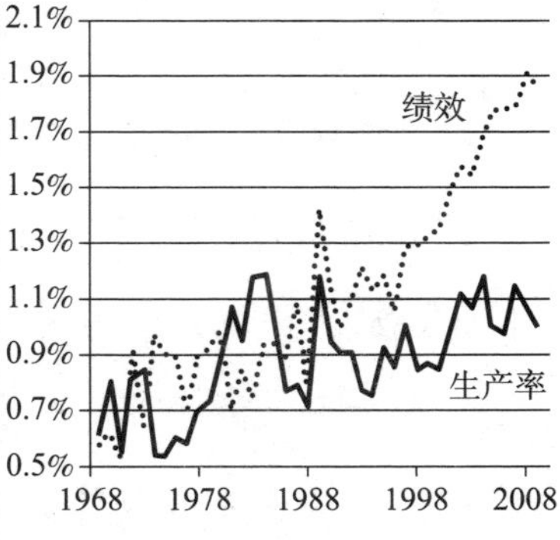

图 1.2　绩效或者生产率占比

之后二十年间，两个参数都以类似的速度增加。然而从20世纪80年代末期开始，有关绩效的文献呈现出惊人的增长趋势（年增长率可以达到6.1%），而有关生产效率的文献增长速度则相对变缓（年增长率3.8%）。

为了避免过于繁琐地显示20世纪初以来全球相关文献的爆炸式增长数据（Econlit资料库统计的平均年增长率为5.9%①），图1.2只显示了Econlit资料库统计的出版物总量的增长比率。该图可以让人做出这样的假设：绩效和生产率之间具有部分可替换性。因为相对于有关生产率的文献减少的趋势，有关绩效的文献却飞速增长。也就是说，从生产率到绩效，跨越只需要一小步。

结论

生产率作为“第五等级”（布鲁诺·拉图尔提出的概念）的概念而出现，与之相关的民主问题也数不胜数。它的扩张，从历史的角度来看已经成为过去。生产率扩张的过程与资本主义的生产力扩张密不可分。继之而来的金融资本主义，其发展过程其实也是一个生产率概念向绩效概

① 其中，1968—1989年间年增长率为9.4%，自20世纪90年代以来年增长率为3.5%。

念转变的过程。这个转变很大程度上得益于经济第三产业化，然而，第三产业化的活力与建立在生产收益再分配基础上的福特折中主义并不兼容，量产化和工业化这两个特性也与业已到来的服务业经济绝少相容。我们会在接下来的章节里探讨经济向第三产业的转变及其结果。

第二章　服务业经济的绩效

说非物质化的服务业不带来生产率的增长，是有一个绝妙理由的。事实上，在大多数情况下，人类的价值是靠劳动成果体现的。在效果取决于人际互动的经济行为中追求生产效率，则会逐渐损害生产质量（Tim Jackson，2009）。

一、第三产业的评定

（一）最近五十年来的持续发展

服务业在国民经济中的发展以及它在整个经济活动中所占据的地位已广为人知。对于第三产业就业的发展，人们最常提到的经济学解释是恩格尔定律，它明确指出了随着家庭收入的增长，投入到高档产品的收入份额也相应增加。然而人们总是习惯地并有点过于草率地认为：只有满足了食物消费和工业产品消费之后，个体才会趋向于第三产业消费。恩格尔定律经常和威廉·鲍莫尔（William Baumol）定律①一起被谈及，后者是研究服务业供给的。鲍莫尔定律中作了这样的假设：相对来说，技术进步天然地在工业和农业上发展更快，这就导致了生产率在服务业的收益天然地较低。

如果用不那么严格的眼光来探讨这两大定律，那么，法国经济学家让·弗拉斯蒂埃在其1948—1949年的著作《二十世纪的巨大希望》（Grand Espoirdu XXe Siècle）中强调的，关于第三产业会持续不断发展的结论，至少在西方国家中还从未被推翻。他在《黄金三十年》中描述了就业在三次产业（农业、工业和第三产业）中的一种公式化的发展趋势，这种趋势在所有的国家，甚至所有的地区都或多或少得到了验证。

在法国，从事农业的人口在20世纪初超过40%，如今只占4%。工业就业比重同样从20世纪初的30%下降到如今不到25%，20世纪70年代初的峰值未超过40%。

---

① 鲍莫尔定律，又称“鲍莫尔法则”。鲍莫尔模型由美国经济学家威廉·杰克·鲍莫尔于1952年创造，模型将利率因素引入交易性货币需求分析而得出的货币需求理论论证了交易性货币需求受利率影响的观点，从而修正了凯恩斯关于交易性货币需求对利率不敏感的观点。——编者注

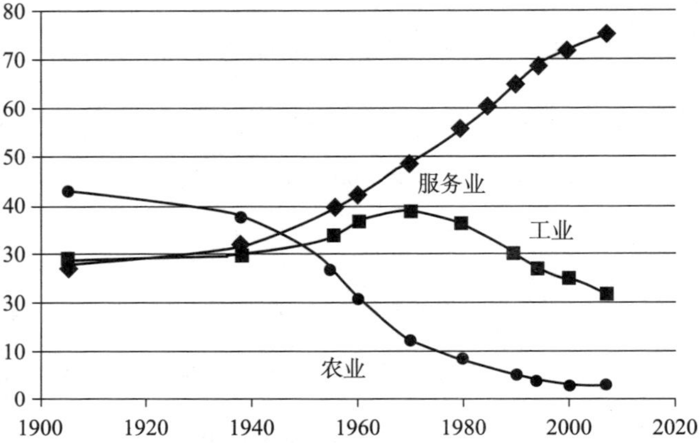

图 2.1　法国三次产业就业变化趋势

资料来源：Insee.

服务业则出现了明显的发展，就业比重在 2009 年达到了 75%。

上述结论并不是最近才得出的。自威廉·鲍莫尔（1967）的和维克多·福克斯（1968）的开创性研究发表以来，社会学研究者们开始对当代资本主义的转变产生兴趣，对这种结构上的变化有了一套系统解释。劳动者从制造业涌入服务业，造成了巨大的制度转变。劳动者与新的现实的碰撞将新的角色——排在第一位的是女性——推上了舞台，动摇了传统经济活动的衡量标准，比如产品。在服务业的经济活动中，劳动者先要与他人面对面地互动，不依靠技术或者商品这样的中介，因此，产品的改变、劳动和经济活动的变化，用比物质商品更直截了当的方式，建立于一个围绕着最终产品——提供何种服务的协议之上。教育服务、家政服务、看护或者咨询的服务，比工业时代更多地构建在两个主体的互动之上，在二者的服务关系中，通常还需要“主观”能动性（mobilisation subjective）。由于主观能动性涉及两者的互动问题，因此，在一些研究机制中，主观能动性是隐形的。

（二）不同国家地区的不同服务业

作为后工业主义的共同标志，国民经济的第三产业化并不意味着服务业经济的内容是趋同的。多米尼克·安克索（Dominique Anxo）与唐纳德·斯托里（Donald Storrie，2000）的比较研究显示，即使是同样程度的第三产业化，不同国家的服务水平也是千差万别的。受维克多·福克斯（1968）和乔基姆·辛格曼恩（Joachim Singelmann，1978）的开创性研究的启发，安克索和斯托里划分了四种服务业经济活动，揭示了国家间第三产业结构与动力的巨大差异。在20世纪90年代末，瑞典“第三产业”的标志性特点是社会服务具有相当大的优势，贡献了35%的服务业就业。而美国第三产业的特征之一则是分销服务（商业、运输）

占了第三产业就业的四分之一，特征之二是商务服务业的迅速发展。换句话说，在当代资本主义第三产业飞速扩张的情形下，不应当忽视第三产业结构和动力的差异，而不同的特征也展示出当代资本主义的各种差异（Jany - Catrice & Ribault，2005）。

第三产业与边际劳动生产率的结构性下降在什么程度上是联系在一起的呢？这正是我们要探讨的问题。

二、现代经济中边际劳动生产率和经济增长的结构性下降

（一）几种结构性趋势

根据一项对古代数据的研究，安格斯·麦迪森（1991）发现，从1400年至2000年，人类财富共增长了33倍，然而这个现象反映的时段生产并未有大的起伏。他重新组织了数据，证明在1400—1820年经济增长非常缓慢（大约0.2%的年均增长率），1820—1950年经济增长才加快了速度（年均增长率1.2%）。麦迪森重点展示了生产主义的经济增长模式是有局限性的，只有在20世纪50年代至70年代初这段时间经济增长率非常高，而且这一时期各国的数

据是有差别的，美国年均2.7%，法国为5%，日本高达7.7%。然而从1973年开始，所有西方国家的经济增长都出现了结构性减缓，不同国家分别降低了2到3个百分点，让人怀疑“黄金三十年”巨大的增长只不过是长期低速结构性经济增长中的一个偶然现象。

表2.1　1870年至1998年间新增劳动生产率

	生产乘数	年均增长率	
	1870—1992	1950—1973	1973—1998
日本	X40	7.7%	2.9%
法国	X20	5.1%	2.5%
德国	X20	6.0%	2.6%
美国	X10	2.7%	1.2%

资料来源：Madisson，1991.

从会计学的角度看，20世纪70年代中期以后经济增长的减缓与边际劳动生产率的整体放缓有直接关系，后者整体放缓的程度从美国的年均-1%，法国、德国的年均-2.4%，到日本的年均-4%不等。这种通常被叫作“总体绩效”的严重减缓在1998年后再次出现了，法国的情况（图2.2）就表明了这一点。

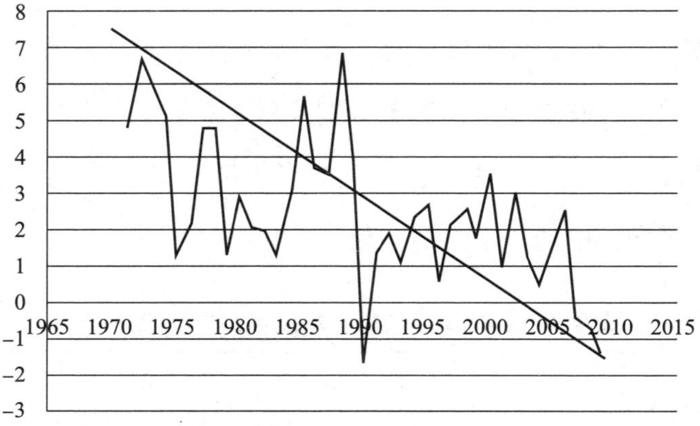

图 2.2 法国劳动生产率年均增长率：1970—2009

资料来源：Insee, comptes nationaux.

（二）服务价格是多少?

对于经济增长和边际劳动生产率的结构性减缓有多种解释。在宏观经济研究中，人们认为，要分析生产率，必须同时考虑劳动因素和资本因素，而且某种程度上还需要计算效率的提高。因此，经济的整体生产率是劳动生产率和资本生产率的合计。这种合并操作复杂，还需要繁复的假设。尤其是它将流通中的货币价值作为工具，将投入和产出的价值放在一起来进行整体分析，以便得出一些测度数据，或至少是一些历时性的评估。但这种做法只有在不考虑价格变化的条件下才可能实现。然而，不管是对经济学家还是对统计学家来说，要计量服务活动的价格都是非常困难的。为了使获取的数据误差尽可能减小，研究价格变动应该选择相对同质的、标准的，质量不随时间变化的产品（Gadrey，1996）。这些特点与福特制时期很符合，当时测量价格的工具刚刚出现。然而，实现质量标准化、平稳化的社会技术条件在工业中越来越难以实现，在服务业中就更困难了（1987；Gadrey，1996；1998；Triplett & Bosworth，2006）。再细说一下这个重点。价格指数建立的根据是大部分宏观经济集合体中的生产价值和规模的分配。因此，在一个增长体制中（就是说我们所说过的，国内生产总值"规模"的发展），价格指数是发展的一个核心因素。然而，由于各种各样的原因，这些指数越来越难以被掌握。这些原因包括两个基础平衡过时、分销渠道改变、诱发性成本、销售产品多样化的估算难度、各种经济活动的特殊化等。

将"质量效应"从价格变动抽离出来是非常困难的。它影响着一般价格指数，甚至是通货膨胀，迈克尔·波斯金（Michael Boskin）于1996年证明了这一点。在一份对参议院财政委员会的报告中，迈克尔·波斯金指出了美国国民账户严重高估了20世纪80年代的价格变动：平均1.1个百分点，根据年份从0.6到1.6上下浮动（Boskin，1996，

p. 1)。迈克尔·波斯金提到多种原因，但决定性因素有两个。首先，这份报告提出，在越来越依靠持续创新的经济中，对质量效应在工业和服务业中作用的评估是不正确的。换句话说，对价格的衡量以及对规模的评估，都没有考虑到产品质量的改善。其次，报告还强调了产品测度上反复出现的一些重大困难，产品也可以说是服务活动的“产出”。

20 世纪 90 年代在经合组织（OCDE）负责研究这些问题的安妮塔·沃尔弗（Anita Wölfl）同样也认为国际统计办公室的评估数据是值得商榷的，它在一些与“卫生、电子通讯、信息服务和个人服务”（在数量和质量上）同样重要的领域缺少价格指数。因此，安妮塔·沃尔弗尝试在不同经济活动（尤其是金融服务）中选择不同方式来评估价格变动，进而也可以评估生产规模的变化——当被测的价格被作为平减物价指数使用时。根据丹麦的情况，她研究了七种评价金融服务业中不变价格附加值的方法。这些方法包括双外推法以及通货紧缩，后者包括使用中间商品价格指数的通货紧缩，或者使用总产量价格指数的通货紧缩，以及以工资水平变化为指数的通货紧缩等。她发现，对同样的产品总量，得出的数据走向有明显的不同，根据测量的公式，在 20 年里价格指数从不到 10 点的变动超过了 30

点。下文的图例显示出当根据总产量价格指数进行通货紧缩时，附加值大幅增加，指数从 1980 年的 79 增加到了 2000 年初的 110。然而，当我们使用就业或工资水平来计算附加值时，指数明显地降低了很多。

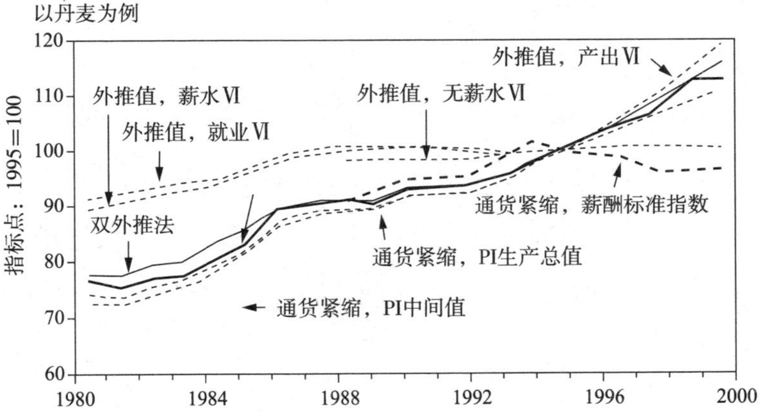

图 2.3　基于其他不变价格附加值计算出的的附加值指数预测（以丹麦为例）

来源：Wölfl，2004，p. 77.

除了资本和劳动以外，我们还可以从其他的生产因素，尤其是创新和技术方面来研究生产率增速减缓的原因。然而，不论是在工业还是在服务业，整体生产率增速减缓多发生在技术创新成倍增长的条件下。这个现象就是我们通常所说的索洛（Solow）悖论，它在 20 世纪 90 年代常常被提起。

（三）索洛悖论

有句名言很好地总结了这个理论："我们到处都看得见计算机，就是在生产率统计方面看不见它。"实际上，在20世纪70年代和80年代，大部分研究都预测信息技术，或者更普遍地说，新技术的引入和广泛应用会带来巨大的生产率增益，尤其是对于第三产业中的办公室工作。计算机对于办公室劳动的革命作用在某种程度上可以与蒸汽和电气对于工厂劳动的革命作用相提并论。对索洛悖论的解读引发了许许多多的讨论，也产生了不同角度的解释。

1. 内源性的解释

人们不止一次地用相同的论调提起缓慢的经济增长和不同领域有所差别的边际劳动生产率。以威廉·鲍莫尔（William Baumol）的研究为依据，经济学家们比较接受这种观点：服务业就像一片腐殖土，然而它为生产率的增长提供不了营养。它结构性地，或者说内在地不如工业那样有利于生产率的增长，因为生产率的提高需要的营养是矿石——工业才能提供。经济学家们认为，服务业结构性地"停滞不前"（Baumol，1967），抑或结构性地"不活跃"（Schreiber，Vicard，2011）。持这种观点的学者们也认识到某些服务业经济活动比其他类型的更加“多产”，因此他们常常在总体观点上也要对细节上的例外做出解释。在1967年出版的研究成果中，鲍莫尔曾重新对停滞领域和发展领域做出自己的分析，在发展领域中添加了新兴的服务业经济活动（比如运输业）。这些经济活动的新增劳动生产率在20世纪60年代和70年代获得非常大幅度的提高。此外，弗拉斯蒂埃在对不同领域生产力的研究中，也用专门的方式依据生产力水平重新组合了生产部门。最近，阿曼汀·施莱伯（Amandine Schreiber）和奥古斯丁·维卡尔（Augustin Vicard，2011）再次研究了这个问题，并且试着做出解释：从长远看来，第三产业化对于新增劳动生产率的减缓最终是扮演了一个功能模糊的角色。不同类别的服务业活动其生产力增长减缓的程度也有所不同：与企业相关的服务业的生产力增长幅度非常大；家政服务业方面的生产力增长却甚为微小，甚至趋近于零。

抛开与之相关的，通常具有争议的范例，这类解释的其中一个局限是在“衡量”这个主要困难上陷入了僵局。实际上，这种解释以工业推理的方法来推理服务业生产力，却忽视了服务业经济活动中衡量附加价值是非常困难的，统计人员已经广泛地认识到了这一点（Triplett Bosworth，2006）。由衡量所引发的方法论问题，以及深层的认识论问题是非常尖锐的：健康的“量”是什么，社会行动的“量”又是什么，在教育领域和咨询领域怎样得到一个“生产的标准单位”？必须从概念上创新，抛弃陈旧的观点，才能更好地思考所有这些有关衡量的问题，并通过这种方式来摆脱“衡量困境”。为了解答这个问题，各式各样的社会经济学解释应运而生。

2. 社会经济学解释

弗朗索瓦·霍恩（Horn，2003）对社会经济学流派的解释作了最好的概括。霍恩对于新增劳动生产率的分析来源于他对计算机软件业的观察和摸索。在这个领域，新增劳动生产率以及价格的发展这二者都难以鉴别，全国统计及经济研究所（Insee）最近得到的数据表明，采用不同的公式，计算结果的差异是非常明显的。价格方面，弗朗索瓦采集了一套计算机服务业的卖出价数据，这套数据成为与工资成本指数相比较的契机，后者是为了制定国民账户而采集的2002年以前的近似值。不同计算公式得到的结果也非常不同：“在2002年到2004年之间，如果根据工资成本指数来计算附加值，计算机服务领域的生产力年均降低0.5%；相反，若是根据新收集的价格指数来计算，生产力则年均增长4%”（Okham，2007）。

为了解释这种现象，霍恩首先对加总的困难做出了说明：当生产力被作为集合体测量时，单独的、被明确划分的经济活动的新增劳动生产率看上去消失了。随后，他强调了信息化进程的社会性特点。根据索洛悖论，信息技术的传播有着内在的社会性的本质，它表现为新的信息技术本来是有利于开发总体潜力的，但经济活动主体的战略性行为可能会阻碍总体潜力的开发。这种阻碍就是对组织中新技术的引进进行个体或集体的抵抗。其他的经济学解释研究的是组织选择的方式。其中最基本的观点认为，对信息技术管理不善可能会造成资源的浪费，甚至设备过剩。新信息技术的引进还可能会受到追求生产力以外的其他意愿的影响。霍恩解释说，信息化可能是应对某些需求的必要投资，这些需求可能是法定的、行政管理的或者来源于各种利益相关方（顾客、公司网络、竞争企业的压力）。信息化的原因还可能涉及一些模仿行为以及“宣传战略”，这种宣传战略的倡导者包括从业人员自身（Boyer，2001）。最后，还有一种有着统计数据支持的论点，即滞后现象：尽管信息化有着不断变化这一根本特征，但因为原先设备的存在，信息化的结果常常伴随着延迟。这可能是由于学习过程缓慢，但更普遍的是“由于技术的外部性，由于工程建设和制度合法化固定成本太高，抑或是由于政策形式的差异”（Boyer，2001）。

3. 外源性的解释

尽管第二种解释确实很有趣，但这一派的多样化解释并没有考虑到服务业的特殊性。“外源性的解释”这个论点的奠基人是让·盖德雷（Gadrey，1996）。在他关注的核心一是第三产业的特殊性，二是将福特主义开展的认知制度纳入考量范围，以便研究某些种类的服务业经济活动。在他的研究中，让·盖德雷表明生产力是一个概念，一个由历史确定的调节制度，在第三产业中生产率的增长放缓完全是可解释的。国民账户的测量工具同宏观经济分析的工具一样，仍然依赖于一种专门的理论架构。对于这一点，我们已经从威廉·鲍莫尔、计量经济学家阿曼汀·施莱伯（Amandine Schreiber）和奥古斯丁·维卡（Augustin Vicard）的研究中看到了。尽管他们主要探讨的都是对服务业生产力的分析，这几位经济学家都没有考察过概念问题，更没有考虑生产力的测量。同样，制度经济学也没有脱离将福特时代的工具作为解释核心的分析理论，这些工具在当时的体制下是合适的。在这一领域，更深入的研究需要从价值上和量上考察服务业的产品内容，更普遍地说，就是要考察“财富”的内容。

三、服务性产品的多维性

在一个经济体中，工业劳动系统向第三产业的转化标志表现在方方面面，特别是因为与过去相比，生产过程非物质生产比重上升，而更多地包括了看护、陪伴、协助、教育、信息处理、修复等服务。这还不是服务业的本质，正如亚历山德拉·彼得（Alexandra Bidet）指出的那样：自皮埃尔·纳维尔（Pierre Naville）的研究以来，我们了解到，根据工业时代和生产组织的不同，产业化的标志也有一系列巨大差异，其中最主要的标志有工业的“化学化”以及“自动化”。这些产业化标志在很大程度上组成了人类与机器之间的关系（Bidet，2011）。对这个阶段来说，关于第三产业变化的研究对整体的生产体系有着一些启发性的作用。

在这些经历了一系列改变的标志之中，劳动中的协调与激励制度被打乱了：是什么振兴了“生产”，这个问题的答案变得更加模糊，更加不明确，更加依照惯例。然而，人们在工业生产率指标的机械化应用中遇到困难时，通常还是会得出一个狭隘的答案：将协调与激励制度引入绩效当中，优化劳动组织。这主要是由于人们对生产有着约定俗成的看法。

（一）在第三产业中使用生产率概念的困难

1. 在福特主义社会契约中（compromis fordiste）占据核心的生产率

从概念上说，生产率是对生产过程效率的衡量，它将某种生产水平关联到这种生产所需的要素上。尽管“生产率”这个概念在福特主义时代得到广泛传播，但准确地说，它并不是诞生于福特主义时代。重农主义者在这之前就用生产率来表述“生产的能力”了。

福特主义体制花了很长时间才建立了生产率的概念及其操作模式。基于一种为了将生产（在量上）的增长与增长成果分配相结合的制度，这个体制建立在一种强大的社会契约基础上。这种社会契约将工业生产率的客观指标和再分配的公平原则进行了结合。生产率的客观指标指的是工人花在生产上的时间与所得产品产量的比例关系。因此在福特主义式的生产中，规模化的产品系列足够标准，产品质量也相对稳定，产品交换方面也有着稳定的认知标准，并且对产品和生产者进行重新定性的情况相对较少（Gadry，1998）。至于再分配是否公平，则关系到收入回报与社会发展的进步，它们与新增劳动生产率的增长节奏相关联。

将这个工业概念原封不动地套用到服务业经济活动中，会产生诸多问题，特别是因为没办法立即确认被生产出来的是什么，也因为在大部分的服务业中，生产过程和生产结果之间一定程度上是重叠的。汽车领域或服装领域的某个企业所生产的产品是（或者说曾经是）比较容易被识别和掌控的，因此，在条件允许的情况下也能够退还给生产者。然而，健康机构、教育机构甚至是咨询机构的“产品”，以及研究人员、医生、法官及律师，甚至是家庭补助金出纳员或者老年人的家务助理人员的“产品”，则引发了许多难以解决的问题，与过去相比，解决这些问题更需要商讨生产了什么产品，或者说执行了什么任务。

2. 服务业业务和质量的不确定性

如果说质量（尤其是产品质量）的不确定性是经济学中最严肃的问题之一，那么，从这个角度来分析服务业则是非常有意义的。[①] 要鉴别某种服务产品的客观功能要比在

① 这个不确定性显然不是专门针对服务行业而言的，我们可以说：在大部分经济活动中，这种不确定性也是由社会各阶层的参与者以不确定的形式有意建立的。

福特主义工业中更加困难，因为产品的功能会随着参与者的不同而有所分别。因此，这里的不确定性与人际和社会的联系有关，这种联系随着服务，或者说“服务关系的”变化而不同。服务关系产生了贸易中的认知标准的不稳定形式，也催生了不断重新评估产品的必要性，以及生产和交换过程中的独特性。更普遍地说，服务关系常常要求对“生产了什么”进行探讨。

卢西恩·卡尔皮克（Lucien Karpik，2007）所研究的特殊商品正是这种情况。这些商品原则上都有着最大程度的质量不确定性、不可公度性以及象征价值，从律师市场到产品市场，甚至到优质葡萄酒市场，均概莫能外。然而，认知标准的不确定性不仅仅适用于卢西恩所划定的特殊经济领域，他的定义可能有些过于狭窄了。这种不确定性还与维修业务、技术系统维护、计算机编程这些或多或少地被规范化了的行业有关，它涉及管理业务和运输。这些既不确定又更加复杂的层面不仅增加了每项研究的“实验维度”（Bidet，2011），也让摸索、调整，甚至临时推演的计划时间成倍增长（Dodier，1993）[①]，在这个过程中，雇佣劳动者相互之间、与目标之间始终进行着适应与

① 由 Bidet 引用。

配合。

这种不确定性还涉及看护业务，它需要一种持续的适应性来应对解决问题和照料病人这两种情况。在医院里，围绕“可编码”的业务进行着事后的再编码，最终目的是重新建立起工业性质的“生产的标准单位”，这种做法引起了热议和争论，因为它使实际的工作不再产生任何反馈。

所有关系密度很高的经济活动大都存在这种情况：一个服务经营者和一个使用者（客户）同时参与，服务关系被这两方期望的矛盾对立所影响，还通常具有特殊性。然而，服务关系是构建在某种社会联系上的，后者规定了这种关系的内在不确定性的范围。因此，服务关系具有两面性。它像是回应产品不确定性的机制，因为它允许表达期望，修正行为，获取保证（Laurent，1997），同时，它也是对规范化、标准化的抵抗。

然而，这种让“产出”无法完美实体化的不确定性，在具有偶然性的亲近关系中，并不仅仅属于双边人际关系范围。服务所交换的是参与者们相互之间的预期，它以其所嵌入（encastrement）的宏观社会形式为中介，因为这些预期可以回到各个时间范围①，例如教育、医疗卫生和看护(care)② 行业。

3. 服务业的特殊性 VS 标准化的要求

基于规模经济和潜在生产量而建立起来的产业化战略，在相当一部分服务业中难以实现，面对服务业的独特性，人们采取了一些新的措施来重新实现生产任务、程序和服务产品的标准化。20 世纪 70 年代和 80 年代出现了很多这方面的尝试，比如银行业把后台（back office）和前台(front office）分离，又比如旅馆业的某些环节和餐饮业统一了生产程序及产品的标准，再比如零售商业的产业化。如今，这些产业化的进程涉及许多行业，人们觉得这些行业能够或者应该避免这样一种命运：在法国就业指导网(Pole emploi）上，雇佣劳动者的身份变成了“生产代理

---

① 时间在发展中呈几何变化，这种考虑对特殊公共政策的发展是一个经典论题，关于这个问题我们在之后的章节会继续讨论。

② care 指的是多层面地负责对人进行照料的正式或非正式的活动。为了更好地把握住 care 的意思，必须同时考虑到在经济领域和社会关系领域中发生了什么（Nicole - Drancourt & Jany - Catrice，2008)。

人”，他们“从事着人文工作，但老板在一旁拿着秒表①计时”；又或者在高等教育和研究机构中，教育者和研究员们被要求在特定类型杂志发表一定数量的文章，要注重“生产效率”，这就相当于把他们和“生产者”等同起来。

在20世纪90年代，一些制度和调整措施激发了产业化的活力，推动了所有服务行业的商品化，这就是通过市场的方式供货。将服务业经济活动纳入市场有利于产品的规范化，从而确保标准的生产。受欧盟内部单一商品市场的启发，为了创造一个单一服务市场，2006年度欧盟服务业指导方针以最大的服务业交易量的名义，鼓吹服务业生产过程和行为活动的规范化、标准化：“这是为了提高服务业的透明度，对提供给消费者的服务的质量建立可比较可靠的衡量标准。非常重要的一点是，要让服务业商品的标识所传达的信息容易被理解。这种透明化的要求在某些行业具有特殊的重要性，比如旅游业，尤其是旅馆业，在这些行业里分类制度应用非常广泛。此外，还应当考察欧洲的规范化、标准化在多大程度上对服务业的兼容性和质量是

① Libération，2011年11月13日刊。还可以看看2011年法国民主工联（CFDT）的报道“法国就业指导网：柜台的两边都不满意”，在这份报道中我们可以读到这样的句子：“我的老板告诉我：‘我不要求这些文件处理得对，而是要你半天之内处理完十五份。’”

有利的”（Directive services，2006）[①]。

就法国而言，2005 年家庭服务领域的发展就是将服务商品规范化的典型尝试。当时家庭服务管理局发布了一则如今看来有些难以置信的启动计划广告，这则广告把家庭服务的概念直截了当地缩小为“产品”，广告设计直接受到 20 世纪 60 年代大众高消费时代的启发，上面印着这样的句子：“关注这个产品吧，它能照顾您的家庭，给您的孩子换尿布，还能节省您的开支”，或者“该产品可以带狗散步、制造就业岗位、减少孤独感。”

图 2.4　2005 年家庭服务管理局的广告

资料来源：家庭服务管理局（2005）

这个活动不但有一些完全不人道的方面——从劳动者

---

① 2006/123/CE 欧洲议会及 2006 年 12 月 12 日委员会，关于内部市场服务业的文件。

的角度来说，这完全是对他们的异化，而且还忽视了服务行业所面临的不确定性。服务不仅不是对服务对象的虐待或奴役（真的还有必要再提这一点吗?)，而且，更重要的是，它是难以客观看待的，它需要相关的制度支持（通过条例来确保服务的规范性，确保消费者能普遍地得到服务)，还需要一些制度来提高劳动者和顾客长期互动的价值，以此提高效率。这些“高质量服务效率”的社会条件与人们对“产品”（比如对小型家电的使用）的不可持续、可调节、可设想的观念形成鲜明对比。在家庭服务中，以信赖为基础的合作变得越来越必要，这是由于对家庭开始提供津贴，也是因为至少有一部分家庭服务（协助处理家务的服务）面向是弱势群体。

尽管由私人或者公众发起了一些规范化的尝试，但产业化、合理化仍面临许多障碍。这主要是由于互动是靠人来实现的，尽管它能被部分地标准化（比如在呼叫中心，对话的脚本全部是编写好的)，但顾客和消费者既不受征召也无法组织。这是导致服务关系中不确定性的主要因素，让 - 马克·韦勒（Jean - Marc Weller，1999）在论述公共服务窗口工作人员的功能时指出：顾客和消费者的行动打乱了相关组织机构为了规范化生产、工业化生产程序所颁布的标准和规定。

“生产率”这个概念被用来描述投入与产出的关系，因此很难运用到服务业中，与之矛盾的是，提高“生产率”的要求却是越来越多。此外，这种困难还体现在人们为了让生产率实体化，使用国民账户来衡量服务业的产品。

（二）国民经济核算师的工作：矫揉造作地赞同产业化的表现与形式

不论是针对雇佣、工作、生产的条件，还是涉及绩效的产生条件，如何进行衡量总是争论的焦点，在服务业中表现尤为突出。被卡尔·马克思（Karl Marx）和亚当·斯密（Adam Smith）等诸多古典经济学家看做“无产出的”服务业，对“衡量”提出了一系列开放式的问题。

就宏观经济而言，如何衡量生产率有多种多样的答案。这些答案有时候旨在衡量单一的投入①，这是符合方式（行动）行为义务（obligation de moyens）的逻辑的：人们要求教师花费一定时间给学生上课，要求企业有一定的工作时长，等等。衡量也可以旨在估算某些成果，这就需要它符合经济活动的目的论以及产品量化的模式。如果产出不完全由工作时长来决定，如何定义（国家）教育的产出，又

① 指生产要素，在服务业中通常是劳动时间。

如何在事先没有约定生产任务的情况下衡量呢？在估算结果的时候，协议或多或少是由交易的参与者、控制者和调节者之间互相协商产生，这种方式可以被看作是“用来协调行为、达成协定的活动的载体和证明”（Gadrey，1996），无论这种协定是否有合同。

因此，问题的核心在于：无论是从宏观经济的角度还是从个体估算的角度，“衡量”都是政策选择的表征和将生产、产品与效率作为表现形式的社会表征，大部分对生产率和绩效的集体判断都建立在这样的衡量基础上。然而我们可以发现，衡量某个对象的困难在于如何定义它的概念。

1. 国民经济核算的统计假象：非商服务业止步不前的生产率

直到1976年，国民经济核算都没有将公共管理服务活动记录在生产中。政府决定将这类活动录入生产账户，似乎是默认了这类活动也“有产出”了（Gadrey & Jany - Catrice，2005）。这是否是一大进步呢？对一些人来说答案是肯定的，因为这种选择承认公共管理服务活动创造了某种形式的财富。将公共管理服务纳入GDP，使得所有对管理范围的限制，比如试着不用一个公务员来代替两个退休公务员，都无意识地影响了“产出”，也就是影响了GDP的发展。对另一些持否定答案的人来说，没有那么明显：这种将商业和非商业产出数据混合记录的做法，消除了两者的特殊性，尤其是非商业的服务面对着市场外的公众，导致了这些经济活动变得“普遍化”。

无论如何，非商服务业活动从1976年起便被国民经济核算记录在案，最早记录的是这一领域劳动者的直接经济活动，更确切地说是从工资总额开始记录的。一旦被平减，上述的工资总额便约等于“产出”，因此也被视为非商服务业部门的生产率的分子。通过掌握所提供的劳动量（由劳动时间来估算），也就是说投入的多少，国民经济核算坚持这样的原则：非商业服务活动至少是收支平衡的。此外我们要指出的是，生产率的分母本身也是由对劳动的测度方式所构成，通常即劳动时间。在这种惯例下，新增劳动生产率不再有任何意义。一些直接估算产出的尝试在非商业服务中被提出来（参见Wolfl，1999，p. 281），也同样在某些商业服务中被提出，这部分商业服务面临着可比较部分的衡量难题（参加下文）。杰克·普雷特（Jack Triplett）和巴里·博斯沃斯（Barry Bosworth）（2006）的研究提供了一些考察线索来帮助我们改善目前尚不太成功的产出估算。

非商业服务中的产出衡量

谨慎的常规衡量做法是用服务成本的货币价值来估算产出的价值。准确地说，就是由各要素成本的总量来表示产出的价值，其中最主要的是工资总量和中间产品。同在其他经济活动中一样，人们通过平减指数得到一个“量”的数据，因此，平紧指数也被作为衡量公务员工资的普遍指标（不考虑GVT① 和分类的衡量）。这又让我们认为“所有对资质结构和年龄结构的改变都因此被看作是质量效应，也就是数量发展的一个因素” （Gonzalez & Lenseigne，2004），欧盟的统计机构欧洲统计局也主张统计衡量出来的直接数据，比如社会福利的受益人数、法律案件的解决数量或者纳税申报的数量等。

2. 服务业产出的衡量

对产出，特别是对产量的测算，在某些服务业中显得尤为困难，例如通信行业、银行业、金融业以及商务服务业。在服务业商品中，某类商品的价格指数及其变化被认为是不太准确的衡量指标。然而这些数据还是被直接使用，

① “glissement – vieillissement – technicité”指即使公务员人数不变，并且其中大部分人的职位不变，公务员的工资总额也会上升，因为随着工作熟练度的提高和资历的增加，相当一部分公务员的工资也在上涨。——译者注

这是为了从一种对价值（比如根据营业额或附加价值）的估算转换到对量（平减后的附加值）的估算。特里普利特（Triplett）和博斯沃斯（Bosworth）等经济学家们在2006年发表了一部关于服务业经济活动的衡量问题的作品，在电子通信行业，这些经济学家们指责这一领域对平减指数的使用，认为在美国“价格指数没有考虑到1995年以前城际关税减少的那很大一部分，而且，通信行业相关统计数据的准确性也是存疑的”（p. 85）。这些经济学家的研究不包括银行业和金融业，因为他们认为“在某些服务产业中，‘实际生产’的观念是不明确的。如果在某个产业中很难测算生产，那价格和生产率的衡量也是同样困难的。我们发现大量像金融和保险部门一样很难衡量的产业”（P. 95）。

他们指出商务服务也面临着问题：“当缺乏平减指数和对商务服务的直接数量统计时，有两个最常用的估算产出的方法，一是通过就业的差异来反映生产，二是将变化的工资比率作为产出价格的平减指数来使用。在这两种情况下，劳动生产率的隐性增长均为零”（p. 258）。我们看到，所有的问题都集中到这样一种观点：产量这个概念本诞生于经济世界和劳动中的工业主义，这个概念面对区分出什么是服务业所提供的“真正”产出这一任务时，显得格格不入。

结果是，在服务业中增加产量，提高生产率的要求最终导致人们倾向更“快”而不是更“好”地完成工作，正如现在的看护行业。

3. 说明：对人际关系依赖程度高的服务业的情况

按照评估产品的惯例，受统计选择（choix statistiques）的影响（这与采集数据的方式、产品质量变化的方式有关），对看护行业的“产出”的财务估算方式也是一种妥协。它可能是两个常规观念组合的结果：第一种观念是财富，它从整体上反映什么是被计算在内的和什么应该被计算在内；另一个观念是类型，它从整体上反映看护行业里性别的社会关系，在这个行业中女性劳动者占比接近70%。

个人服务的情况完全符合这样一种范式——相关机构通过这种范式把价值归功于高度依赖人际关系的服务行为。这些机构需要同时研究公共管理、会计政策和部分服务业中对不可见能力的认知机制。在本文中我们只谈会计政策。①

这些衡量方法很难处理，又需要从多层面进行分析，

① 关于另外二者的更深入的讨论我们可以在不同的文献中读到。比如 Jany－Catrice（2007）（后文部分内容引自该文献）以及 Gadrey（2009）等。

因此，有时候被运用得很随意，特别是人们还有着注重绩效和质量的社会价值观。“家庭服务”的会计分析显示：服务效果的问题是严重的。服务效果难以被估算，而且还总是不被重视，甚至被忽略。总的来说，价格在不完全地根据质量的变化而变化。然而令人惊讶的是，专家们通过对家庭服务业特殊的价格指数测算出来的质量被认为是可信的。经济分析理事会（Conseil d’analyse économique）对第三产业的调查数据显示，对家政服务（家庭帮手、佣人[①]等服务）行业价格的评估是最精确的。不过，为改善某些商务服务的评估系统而采用的理由在家庭服务中同样适用。除了商务服务附加价值的问题外，实际上，国民账户很难对知识服务进行分析和测算，理由主要有三个，并且三者在某种程度上是联系在一起的：知识服务的非标准化，商务服务业中更难测算的质量效应，以及非递归合同。然而，人身服务总体上也同样是非标准化的，并且几乎不可能标准化。我们很容易想到人身服务的特异性，特别是因为看护业从业人员的个体独特性；我们还能看到服务业工作环境（居所环境、双方意愿）的不确定性。无论是在餐厅里服务顾客，还是在床边照顾老人，完全按照既定合同规定

① 提供固定的家庭服务。

的范围提供服务是很难做到的。这也导致了一些研究者考虑不完全自愿合同（Puissant，2010）[①]，另一些作者还提到对于双方互动和计划的不断调整。服务关系的不确定性暗含了一种需要适应情境和目标变化的要求。这种不断调节和适应的能力在遇到意外事件时能够修正服务双方的关系，它涉及多方面因素。首先是技术因素，因为这种适应很大程度上是一种技术能力，比如人们要求家庭帮手要细心，善于察言观色，而且虽然不会明说，还要求他们提供一些护理服务。然后是民事身份因素，因为劳动者被要求发挥他们的共情能力。最后是人际关系方面，服务由很多要素组成如倾听、理解、表达和改善（计划委员会，2001）。不论研究哪一个类型的家政服务，这种对特殊环境的适应能力就像是检验一个劳动者是否符合岗位要求的核心标准。

在商务服务中，国民账户面临着与质量效应有关的困难。家政服务能够幸免吗？要如何在这类服务行业中考虑到所有的举措，考虑到自主性、责任范围以及在大部分服务业中占据中心地位的任务的多功能性？如何体现出对他

① 根据研究，不完全自愿的合同是经济活动参与者双方合作的唯一方式，它允许最大限度地考虑（使用者的）需求。

人的关怀与同情，理智地处理残疾人和老人、小孩的依赖性？对于情感资源（或者交际能力）这种难以成为体系也难以可视化，却又直接影响着关系服务质量的复杂特征，又要如何考量呢？

服务业不同寻常的特征也与其组织逻辑有关。在家政服务中，服务的提供者与使用者通常是在协商的关系中根据双方意愿来定制服务的目标和内容。这就需要在服务中一方面要做出一些调整，一方面又必须能够提供某些保证。因此，服务活动的数量和质量估算起来相当复杂。这种估算依据的是对服务中不同时刻的解构：倾听、对话、打扫、做饭、照料、卫生保健、紧急情况处理（呼叫医疗、救援等），以及其他一些只有通过深入交流才会被视为正式、专业的相关服务行为。

最后一个问题是价格监测。这种监测要考虑到产品质量，还需要评估“产品的变化并感知变化的基本特征”（Buisson，2001）。家政服务的价格计算研究的是对递归合同的价格监测，将家政服务视为工业清洗那样，默认了服务业具有标准化的特征。在家庭帮手服务中，这个问题得以解决，因为在提供服务之前合同并不是特定的。这种合同的优势在于它整体上没有规定劳动任务，而通用就业服务支票（Cesu）又强化了这一特点。诚然，这种被认为是“创新”的通用就业服务支票的应用构成了一种支付方式，但必须强调的是它还取代了劳动合同，而且没有对服务需要完成的任务进行任何描述。[①] 工作中的服务内容和对内容的修改，责任和延伸责任，以及高度的自主权的价值在此都被过于低估了。在对生产率和绩效的研究中，有很多先决条件越来越被人们遗忘，然而一旦说起，它们又是那么的显而易见，无非是分析、研究、探索，以及重视已经完成的工作中的“内容”。

4. 结论

我们看到，围绕服务业如何恰当地测算生产率这一问题产生了很多争论。生产率年均收益的结构性下降趋势可能与“概念本身的收益”下降有关（Gadrey，1996），尤其是因为测算的制度局限于衡量产量。然而，在一部分服务业实践中，这种产量视角让我们看到了之前盼望的新增劳动生产率在经济中所能带来的财富的增长。

---

① 通用就业服务支票（Cesu）的影响非常广泛，通过这种方式取得报酬的劳动者有时候被他们的同事叫作“les Cesu”，类似于和金融业中的代理人“intérimaire”。

如果我们承认统计假象是对索洛悖论的主要解释，那么讨论和争辩的核心就是衡量方法。许多生产率指数在第三产业中完全无迹可寻，因为建立这些指数的计算系统对于服务业是无效的。这套计算系统只关心如何衡量有形的物质的东西。诚然，宏观经济分析工具的目的是为了取得持续的改善，尤其是在效果方面，然而它们常常需要一些徒有虚表的测算方法。这些测算方法只顾着忙于完成既定的目标：在绝大多数的服务行业中寻找并测量多维性、多相性，可能还有多结果性。这些目标大多是根据产量视角来评估的，然而对于服务业人们所期望的并不是更多的数量而是更高的质量。

四、某些服务行为中有关工作量的错误争论

有关工作量的争论是作为工业生产率（产量与成本降低额相同）的衡量工具和曾经的基础而最近出现的，然而，自从我们更加追求（或者应该追求的）产品质量和消费品质量时，有关工作量的争论便失去了原本的意义，甚至还起了反作用。对工业边际劳动生产率的追求不仅忽略了原本的意义，还常常用适得其反的方式来引导经济活动。这个观点不是最近才出现的。它的提出与伊万·伊利奇

（Illich，1973）关于技术“进步”对社会性与交际性联系的破坏的研究有关。同样，让·皮埃尔·杜佩（Jean－Pierre Dupuy）也坚称，数量战略的错误使得工业生产率成为经济活动的终极目标。

下面是几个这种反作用的案例。

（一）学术研究：从研究者的生产率到评估的生产率

在学术研究中，评估教师及研究人员生产率的主要标准是个人在不同级别的类型杂志上发表文章的数量。这样做有两个优势：一方面，这项唯一的标准非常清晰明确；另一方面，它能够在评价的过程中对边际劳动生产率做出预估。文献计量学实际上也促进了评估行为的自我控制。

然而，这些既有优势掩盖了评估目的这一核心问题：为了增加文献数量，或是把教师和研究人员变成“生产者”而一味追求发表文章的数量，难道一定有利于各种科研任务的实现并提高科研成果的质量吗？这种对教师和研究人员生产率的衡量真的能够保证个人的科研质量和整体的科研质量吗？就经济学家的研究成果来说，当代资本主义产生的经济危机、生态危机和社会危机让我们对此表示怀疑[①]。以诺贝尔经济学奖得主保罗·克鲁格曼（Paul Krugman）为代表的许多作者都指出，经济学作为一门学科，过去在理论方面的思考范围已经很大程度地缩小了，因为被认为是经济学们最应当研究的问题被局限在一些集体性问题的探讨上，而这些探讨一方面以形式化的微观经济学为依据，另一方面又以对“经济人”表现的刻板研究为特征（克鲁格曼 Krugman，2012）。与此同时，这门学科对经济学家脑力劳动最基本的功能又持否定态度。该功能就是“抓住制度结构和生产要素之间微妙的联系，于是这门学科“就这样一下子矗立在社会科学领域，密切地关注着经济运转方面具体的、历史的、司法的各种细节”（Postel，2011，p. 50）。这种对经济活动参与者“产出”的考虑方式被双重地压缩了：在一个本身就被缩小了的经济学领域里，把参与者的概念缩小为文章的“生产者”。此外，“生产者”这个词还被研究评估及高等教育局（Aeres）所采用。这导致这样的评估方式成了衡量教师和研究人员工作的唯一标尺。

① 这类问题可参见法国政治经济协会（AFEP）的网站上，由 Gabriel Colletis 和 Thomas Lamarche 共同完成的出色研究：http：//www. assoeconomiepolitique. org/spip. php？ article328

这种特殊的评估制度非常直接地影响了一部分教师和研究人员的行为，还导致了一些表演性的行为方式的出现。在这种制度的鼓动下，研究人员调整了自己的定位，从事与“研究”相去甚远的“文章生产”，并且以核心期刊的标准来写作。这些调整的方式是见风使舵以及机会主义式的转型，这就造成了思维标准化、行业不发展，研究活动的许多方面被抛弃——而这些正是“公共财富”生产不可或缺的条件。教师和研究人员应当承担的多维度的工作任务不见了，比如陪伴自己的学生接受教育长大成人，以及树立自省精神，形成批判意识。

（二）家庭护理业

面向老年人的家庭护理行业日渐发展，就业人数已经达到大约 400000 人，超过整个汽车工业的从业人数。根据收益规则和工业生产率原理，这个行业中正在发展、形成一些方法，目的是减少陪伴在老年人身边的时间。不管是提供资金的公共机构还是雇佣机构，都要求劳动者为行动不便的人提供更快的“看护照料”服务，或者更快的梳洗清洁服务。这些服务从以前的一个小时缩减到如今的 45 分钟，甚至有时候缩减至半小时。即时收益的增长似乎证实了这种做法的合理性，但这种制度忽视了家庭帮护的一项基本任务：在提供日常生活服务的过程中陪伴老年人。[①] 家庭护理中的首要任务通常就是和老年人一起完成一些他们很难独自完成的事，就像我们提到的某几部专著中所讲述的那样[②]。“一起完成”自然也就意味着接受帮助的人是在陪伴下，通过不断的学习和调整，来保持自主的生活。这一点和接受帮助者自己的生活计划是一致的，和相关人员（比如亲近的人、家庭护工）的想法也是一致的。这项对家庭护理任务的分析研究与一系列依靠科技来加快进度的做法相去甚远。如果说减少时间是为了提高工业生产率，这种生产率在于把陪伴转变为替代品，经济活动于是就等同于服

① 我们也能在其他服务业中找到一些相似的值得思考的现象，比如家庭补助（allocations familiales）的收银台。对这样的柜台机构来说，产品（也就是劳动）是什么？按照工业术语，答案可能不只在于领补助的人的数量，也可能在于柜台接待的复杂性，这个复杂性与领补助的人的处事能力和相关规定的变化有关。Valérie Boussard 的研究显示，对每个补助金柜台的生产评估以一种几乎单义的方式由待处理的文件决定。Boussard 强调这种指标“使服务业的人际关系层面变得不合法”，她还强调社会性劳动者的经济活动因此被很大程度地低估了，“做社会性的工作就等于没做”（faire du social，c'est ne pas exister）（Boussard，1998，p. 99）。

② 比如可参见 Nicol Gadrey，Florence Jany - Catrice 和 Martine Pernod（2009）的论著，以及 Jany - Catrice（2010）的论著。

务业的外包①。尤其是在面对一些弱势群体顾客时，因为他们难以表达自己的愤怒、不安和不适，这种对生产力的追求达到荒谬的程度。

可以想象一下，比如面对小学生和初中生所组织的课后家庭作业辅导，对生产率的追求会引导融资方减少辅导的时间甚至代替学生完成第二天的作业。诚然，作业是完成了，就像对老年人来说，清洁工作是完成了。但如果任务在于陪伴学生完成定制的学习过程，这种对生产率的追求导致的是失败的任务，“产出”等于零。

最后，我们可以想象在一所医疗和教育中心，一名女护士对几位暴食症和病态肥胖的年轻人进行营养管理的情形。在这种机构，对于这种症状没有明确的护理标准，病情反复的方式处于一种极其不确定的状态。唯独伴随着对话、倾听、尊重的服务关系可以渐渐地改善患者的健康状况。在这种条件下，该如何确定什么是“产品”，什么是结果呢？如果这种量化无法实现的话，是否因此意味着这种做法不能被看作是有用、必要或者是有效的？同样的问题被一种工业主义足迹的视角忽视了，这种视角不仅缩小了

① 在医院、收容机构和养老院中，当帮手陪伴需要依靠的人管理在日常生活时也遇到了相似的问题。

现实，还改变了人类经济活动的行为。

结论

本章内容始于两种评价方式。一方面，绩效的价值在不断增加。另一方面，面对那些由不可靠的协议产生的目标，如何约束这些目标所倚靠的工人，其不确定性和复杂性也在增加。这种双重评定为一种新的工资比率奠定了基础，下文论证的就是这种比率的特点。一方面是通过尝试充实经济活动的成果，或者说，通过提高绩效的方式来获得合理化经济行为的管理动力（比如公共服务领域），这其实是通过建立指标来获得的假想的客观化。承认这种测量的客观化，使得人们忽视了它得以产生的社会政治条件，这些条件包括：测量的背景环境、所使用的技术、知识的隐含利益和测量的目的（Ogien，2008，p. 93）。另一方面，经济活动的参与者意识到了生产成果的质量只能是社会关系和双方协定的结果。这种情况通过协商承认各种常规和约定具有针对经济活动评价中多元性的公民权，以及对结果和绩效的权利。这与总体的绩效信条还差得远。但在更深入地探究这种多元性的问题之前，我们建议在接下来的章节中，研究一下促进了总体上追求绩效的社会政治条件。

第三章　工作关系的个体化与绩效

任何被追着跑的动物都知道，跑得快不快不重要，关键得弄明白是不是比别人跑得慢。

——《经济学人》2008 年 9 月

引言

我们已经看到了服务业在国民经济中日益重要的趋势，这种趋势使得我们必须关注并讨论有多种定义的“产品”，因为机械地将“行业生产率”作为调整消费、刺激消费及识别消费的方式来使用，在服务业中越来越行不通。固然，生产系统和消费系统的结构突变很大程度上导致了绩效的实现，但这两种变化并不是“总体绩效”产生的唯一原因。

追求绩效可能带来的新意识形态，贝努瓦·海尔布伦（Benoît Heilbrunn，2004）认为，它是个体自主性的首要表现。就像一个没有神圣结构的社会将会追求个人幸福一样。艾伦·埃伦伯格（Alan Ehrenberg）在他 1991 年的专著中表达了同样的观点。他认为，对个人绩效的崇拜是由人类学中三种转变造成的。一种是理想化的企业家模式（包括个体承包商），一种是推崇把消费当作实现自我价值的方式，还有一种是以体育明星的形象为载体的对卓越的追求。蒂埃尔·梅尔基奥（Thierry Melchior，2004）指出，这种通过个体存在来实施的激励方式，是由萌芽这种观念的机构所建立的具体制度，它由一个将绩效作为“现代化”主要手段的国家支撑着。

接下来的两章分析绩效如何逐渐变成了一种真正的经济活动协调制度，它同时受工作关系、整体社会关系的个人化以及国情变动相关因素的影响（见第四章）。在国家“现代化”趋势的背后，我们从两种评价体系之中发现了一些越来越紧密却又不太可能的交叠关系，其中一种评价体系属于公共服务文化（这与我们讨论公共政策的“评价”是同样的意思），另一种评价体系在选择公共经济活动的前后广泛地使用指标来保证这种选择的合法化。除了这种公共政治评价和绩效衡量的交错关系之外，构成主义模式和现实主义模式之间的混淆也越来越多，这种混淆实际上产生了两种强大的结构趋势。首先是福利国家渐渐向服务业人士国家（État prestataire service）转变的趋势。另一种是个人问题与集体问题不再分化的趋势。资本主义将个人层面和社会层面的概念循环流通起来，这就导致了集体绩效的解体，也促进了个人绩效集合的发展。从根本上说，这种动力会让人思考如何通过个人主义方式来保存公共财产不使其流失。

一、工作关系的个体化

第三产业化并不是催生绩效制度的唯一沃土。在经济活动的协调系统、工作指示系统和控制系统中同样广泛出现了工作关系的个人化。例如，从等级控制转变为某些自治与自主参与的方式，这些方式的发展很大程度上依靠衡量体系和绩效激励制度。劳动减少了阶级分化和阶级固化，个体就变得更具自主性（但不代表不受约束）。这种自主性体现在工作成果上，也体现在技术适应性和必要的认知上。当今社会最大的悖论之一，也是当今社会将要面对的最大的压力之一是：一方面，工作前所未有地持续分化，在所有经济系统的因素中创造了一种有机的统一；另一方面，自治与个人化的趋势也前所未有地如同命令一般强烈。这种矛盾在责任和自主的分配中十分常见（Ehrenberg，1998；Coutrot，1998），并且以自主实行的激励制度为形式出现在人力资源管理及其理论中（Léné & Stankiewicz，2011）。

（一）作为灵活手段的个体化

工作组织中日益增长的个人化趋势首先依靠的是个人薪酬体系。在法国进行的一系列调查问卷显示劳动报酬的，个体化是从20世纪80年代末，特别是90年代初开始发展的，主要方式是个人薪水提升和个人绩效奖金（Bignon & Floques，2009）。这些灵活手段维护表现在“委托代理”类工作在新经济学理论中的绩效倾向，这类代理工作主要是通过货币激励的方式提高合作效率，但参与这种工作的实际动机比理论提出的单一的外在动机更为复杂。Laurent Cordonnier（2001）在《别再同情穷人》（Pas de pitié pour les gueux）中指出，劳动领域的这种代表性很大程度上是建立于惊人的假说之上，他还指出，从理论上说，薪水必须经过不遗余力的努力才可以获得。与之相对，社会学家亚历山德拉·比岱（Alexandra Bidet，2011）的研究中关于“真正的工作”和工作聘用的部分则显示，除简单的外部金钱激励以外，工作动机在何种程度上属于其他的范畴。

个体化实践的传播从2000年初开始有所放缓，之后又以集体劳动报酬的不同形式作为回报，比如工资、利润分红，或股权红利的普遍上涨，这些现象都与劳动关系的个人化进程有关，个人报酬只是劳动关系个人化的表现之一。

支撑个人化发展的因素包括女性工作机会的增加、工会体制的衰退，以及新的工作分化带来的标准和制度的个人化。福特主义时期标准工作规范的瓦解是个人化最主要的模式（Supiot，2010）：诚然，个人化的特点表现为劳动报酬的个人化，但也表现为劳动合同的差异化，甚至是对实际工作的各种调整。

再回到对当代资本主义活力的分析，这种薪资关系的重大转变可以被认为是一种把劳动变成调节经济活动的可变准则的意愿，就像一种能让经济活动更有弹性、更畅通甚至更具流动性①的对策。这种薪资关系的转变完全可以与科技、社会变化及生活节奏的高速发展相比，就像 Hartmut Rosa（2010）所描绘的那样。

（二）作为激励手段的个体化

通过个人绩效进行的管理，其最完善的形式是：作为劳动报酬的工资不再是一种制度构建，而是人际关系的成果。红利和报酬成为薪酬的必要条件和相应的激励结构，就像 Benjamin Coriat（1990）分析 20 世纪 80 年代日本的管

---

① “我们试着尽量让所有的个人社会关系能够具有金融市场的流动性”（Abelhauser 等，2011，p. 49）。

理组织所指出的那样。

为了应对种种重大的经济问题和社会问题，出现了众多以绩效奖金或绩效合同为代表的劳动激励制度。个人绩效及其衡量的制度化，一部分是由于劳动集体产生了分裂，并且这些逐渐衰退的劳动集体无法减少对这些工具所构成的新技术的质疑和争议的空间。同时，这些个人化的制度也造成了日益增长的压力，如同生产的成果及其评价变得前所未有地不可分割一样。

绩效依靠量化目标，这一点是非常明显的。数据有助于使劳动的意义变得更加具体、更加丰富。渐渐地，数据取代了劳动的意义，劳动者服从的是目标契约，或者假定自己应当这样做。量化目标的目的是调和个人劳动与集体产品之间的矛盾，将其作为一种自动导航方式，并使经济活动的能力无法奏效，然而这种能力却被评价为一种关键能力（Perret，2008；Eymard-Dyvernay，2005）。这种自省把经济活动的合理性放在首位，从经济参与者与环境的角度考虑，不断地对经济行为进行解释。然而，自动导航和这种关键的自省能力是不能共存的，甚至会导致出现一些状况和“荒谬的战略”（Bacache－Beauvallet，2009）。

这些个人绩效制度通常伴随着特定生产和组织模式。这些组织模式的特点是产品个性化，追求灵活性和速度，重视个人能力。鼓励整体质量的活动是这种组织模式的一部分，法国精神分析学家克里斯朵夫·德儒（Christophe Dejours）指出了其缺陷：这种活动把顾客放在中心，却不惜损害劳动者的利益。由独立团队承担的网状的组织方式同样也是这种效率模式的一部分（Lallement & Berrebi - Hoffmann，2009）。

（三）总体绩效

克里斯朵夫·德儒（2003）指出，“总体质量”这个概念虽然被设想为一种分析实际工作，尤其是合同规定工作的手段，但事实证明，这是一种“把工作的结果放在工作之前的做法。结果是总体质量完全起不到质量评估的作用。它自身变成了规定。”

通过对“总体绩效”这个概念的探讨，本书继续采用了总体质量的概念，总体绩效是所有激励手段的集合，对于这些激励手段人们完全不相信，但所有人都响应并且遵从，甚至产生了许多机会主义的方法来应对这些指标（为了在上海排行榜①中提高知名度而对大学进行改组，不就属于这种情况吗？）。

---

① 参见第五章。

1. 总体绩效的方式

总体绩效有两个主要的行为与支持方式：一方面提倡自治，另一方面寻求数据的协助。这种“总体绩效”的一种主要方式是，在当代资本主义中通过指示和命令来引入自治，扩大个人责任制①，从而实现绩效。总体绩效采取的形式是支配，它不再把自己隐藏在虚假的外表之下。关于支配形式，如同达尼洛·马杜塞利（Danilo Martuccelli，2004）所提出的那样，它不再是意识形态支配，而是事件与规则的扩散，是一种“整体组织中的不持续的实践”，一种对“强迫责任制”② 的屈服。绩效的诸多形式逐渐向总体绩效过渡的另一种模式体现在数据中，这里的数据是由判定为合法的经济活动参与者，或者没有判别的参与者产生的（到底谁会关心这些数字来自哪里?），这种发展传播了一种非常便利的价值论中立立场，得到的数据也就具有了中立与无可争议的真实性。这一切都在公共行动变化的

---

① 诚然，在相当一部分情况中，“真正的工作”通常对于招聘“能够出一份力”的劳动者还是可行的。

② 这种情况不再是一种简单的设想，当 Laurent Wauquiez，高等教育部和研究部的部长，在 BFM 电视频道上表明“如果您病倒了，而您的津贴和工资还不受任何影响，这就不是非常责任制”（参看《世界报》2011 年 11 月 16 日刊）的时候，已经达到了强迫责任制的极点。

背景下实行着，这种公共行动负责评估，并在验证真实性的方式中产生数据。对量化的狂热产生的结果是“量化的实践对权力的执行，及其对政策说明的道德化、中立化进程所扮演的角色，都占据着支配的地位”（Ogien，2008）。我们稍后再回到这个问题上。

2. 总体绩效的体系

通过研究“从价值到价值评估的体制”，弗朗索瓦·艾马尔－杜凡奈（François Eymard－Duvernay，2005）指出，绩效的评估方式体现在相互配合的体系中：一是自然，因为劳动评估体制“调动了属于自然科学的方法（体力、反应能力、认知能力）”；二是司法和会计体系，它表达着“集体价值、社会宗旨、福祉观念”；三是不断调整的动力。

总体绩效作为理想型[①]的一个特性，是强势追求对计算的合理性以及所有层次的数据的整合（无论这些数据是来自于测定、象征体制还是来自于调整体制）。因此，如果“人们调动体制中的自然层次，就能得出结论：应用心理学家将之总结为一种以数据作为动力的工作能力”（Eymard－

① 这里的理想型可以考虑到具体现实中的差异。参看第六章。

Duvernay，2005），会计和核算人员也在评估体制，包括象征体制中占据着越来越中心的地位。即使这个策略被证实是令人反感的，我们还是认为在某些情况下，所有系统包括调节系统都应当服从于总体绩效，就算冒着“未完成调整的象征系统发挥不了作用”的风险，也要服从数据的统治。

二、绩效管理

绩效管理以合同的方式恢复并加强了代理人的合作。由于个人“合同”为数众多，绩效是一种既普遍又零碎的方式，每个代理人的目标和数据表现由个人合同来定制（Eymard－Duvernay，1999）。我们看到，越来越多的个人化薪酬与个人（或团体）绩效有着正式的直接联系。2009年以来公共部门便是这种情况，体现在“职能和业绩奖金”（PFR）的设立，或2010年7月28日颁布的关于评估国家公务员职业价值的一般条件——2010－888法令。这种现象被Maya Bacache－Beauvalet称作“共识行政管理”（gouvernement par le consentement）模式，对此，Roland Gori观在《评估狂热》（La folie évaluation）中提出，这种模式是一种“自愿受奴役”的形式（Ablehauser等，2011）：它鼓励个人采取最大化行为构建出一种个人利益，然后通过奖励或惩罚来发挥个人利益的作用。这种协调系统给监督行动留出了空间，个人绩效融合了促进性调节和监督性调节。而作为其基本特征和表现方式，与个人利益有关的其他协作理由都已不存在：荣誉逻辑，比如法国国家科学研究中心研究部主任菲力普·迪利策巴尔（Philippe d'Iribarne）研究的做好工作的审美乐趣、参与集体任务的满足感，以及更普遍的，除了工资矛盾之外，从工作中发现乐趣的内在推动力以及工作本身的乐趣。

三、个人绩效 VS 集体绩效

一些因素的存在使得个人能力素质的概念被缩小了（Lallement，2007），而组织效率也越来越被简化为个人绩效的测度，即投入努力达到要求从而获取特定职位的最低标准（Jany－Catrice，2010）。这种个人评估的机制有两类：①目标合约，甚至是个人绩效改善合约，目的是从劳动者一方得到自主而更有效力的工作承诺，以避免对其业务的持续控制。个人绩效改善合约（CAPI）便体现了这种情况，一旦合约确定，一部分绩效酬劳将被纳入医疗保障；②比较机制（荣誉表、排行榜），工作需要的不再是产出/投入关系，而是对卓越的绝对追求，激励员工比同僚做得更好。这就是所谓的标杆管理法，它通过数据来系统地比较绩效，通过强调领导的地位来使员工服从（Bruno，2008；2010），这些做法都巩固了绩效机制。通过推销卓越意识形态，把工作系统的内部管理简化为一种简单的个人能力的竞争。这也构成了一种对所谓的稀有资源的直接分配方式（参见专题3）。

从科学生产到预算资源

研究领域为了分配预算资源，在公共管理中运用了一种新的工具。Sigaps 这款软件是“2001 年由里尔医科教学及医疗中心（CHU）发明的，其目的是协助管理层更好地理解团队活动”。该软件根据每个研究员发表或者共同发表文章的排名，以及对应杂志的分数（影响指数）为每人计算一个评分。比如说，“一篇发表在《柳叶刀》上的文章会给医院带来 16000 欧元的收入”。正是“个人绩效的总数‘组成’了集体绩效”的错误观念催生了这种自动计算绩效的机制：“一个研究机构的评分是其所有科研人员评分的总和。”按照这种指标，巴黎公共援助医院（AP－HP）获得 366039 分……以及与分数成正比的人力资源。

资料来源：世界报，2011 年 11 月 26 日刊，《告诉我你发表的文章数量，我就能知道你有多少收入》，David Larousserie。

监管经济学所定义的工资关系及其监管模式如今让位给了一种后福特主义关系，这种关系的基础是对绩效数据指标的笃信。个人报酬建立在“有差别的边际主义”逻辑上。这种差异边际主义的基础是奖金报酬与“优秀”水平挂钩，这就把个体化与弹性收入画上了等号。

然而，把个人绩效与集体绩效，或者把个人绩效与一个组织的绩效联系起来至少面临一个困难。广泛地，甚至可以说是盲目地、不成熟地将个人绩效作为评估工具使用，在组织层面上反而不利于生产，组织绩效绝对不会等同于个人绩效的总和。但是，这两个概念常常被混为一谈。个人绩效和集体绩效在思想上、理论上与模型设计上的循环，让人以为系统能够运转是由于个人绩效的总和就是集体绩效。

我们可以想象，在某些特定情况下，用这种方式来考虑集体绩效也是合适的。但这种情况需要假设工作任务被设计并且协调得能够避免外部因素的影响。可惜，在大多数情况下，这是不可能的。首先是因为个人理性并不总能产生预期的集体效率。其次是因为系统中可能存在某种不能被分解为个体前途的集体目标，尤其是在保障公众利益的公共机构中。

实际上，个人绩效考核没有必要涵盖所有公共服务。比如要实现缩小教育不平等、实行男女混合教育、平等对待学生等一系列目标，只通过对学生和教员进行个人评估是难以达成的。同样，针对医务人员的个人目标合约也并不能保证总人口健康寿命的增加。再比如说，对警务人员实行个人绩效考核，并不能保证所有市民的安全，也不能保证公共服务的地区分布平衡。

结论

整体不能被简化为个体的集合，同样，个人绩效不能保证整体绩效。尽管个人发展需要集体的支持，个人化与自主化的过程构成了一种进步（这让我们联想到对个人权利的要求、人身安全保障以及解放运动的发展），这个过程对实现普遍利益做出了贡献，将保护公共财产的社会政治条件放在首位。我们在接下来的章节中还会回到这个问题。

第四章 “现代化”国家的绩效

生产率不是一种作为价值判断目标的质量，它是一个比值：生产率是产出量与对应必要劳动量之间的关系。它是公共绩效的必要组成部分。

——公共绩效学院网站

（L'Institut de la performance publique）①

引言

在社会的深层结构中逐渐形成了一个“恶性肿瘤”，那就是总体绩效。如今，国家不再是对抗这个肿瘤的保障，它甚至还促成了这个肿瘤的扩散。

在这样的背景下，政策评估越来被归纳为一种方法和机制的继承，其目的是在实践中计算公共服务的绩效。这

① 公共绩效学院是一家针对公共政策评估的私营培训机构（网站访问日期为2011年12月29日）。

种转变把评估套入实用主义的方法中，缩小了评估的含义。这些方法以计量学的发展为基础，通过计量学转变评估方式，从而更新了反映效率的方式。在这样的发展动力中，“绩效”的突出表现是两种解体造成的：首先是公共服务绩效评估的解体；其次是集体绩效以及随之而来的个人绩效总量中的社会进步因素的解体。

一、公共政策的“评估”或公共服务的“测算”？

公共政策评估与公共服务的测算之间的关系是模糊的，虽然被记录在不同的历史文献中，这二者各自占据的空间却越来越大。无论是把国家看作单纯的服务提供者，还是公众利益的保障者，公共政策评估向追求服务绩效的转变，从量化关系的角度看都是非常重要的。前者的情况是，公共政策评估以人为评议的社会构建形式，在必要的时候以利益相关者共同达成的最终数据作为支撑。后者的情况是，公共服务的测算被当作是非常务实的做法，人们想当然地认为，被测算的对象毫无疑问是真实存在的。

（一）减弱的封闭性

Patrick Viveret 和 Bernard Perret（1989）再次提到，当

人们进行“评估”时，无论对经济活动价值做出的判断是高是低，这种判断的结果都成了关注焦点。帕特里克·蔚五海（Patrick Viveret）认为，做出这种判断的目的是在民主概念和决策效率之间建立一种压力，这里的民主概念是指价值应当是由集体评议并且是共享的；而决策效率指的是评议应当产生效用。决定这二者的优先顺序的情况可以说是非常建构主义的，“不能忽视测算的结果很大程度上依靠测算程序本身”（Desrosières，1993）。然而，从多年前开始，大部分的评估方法都转向了计量学领域（Vlassopoulou，2005）[①]，它们实际上是一种虚幻的现实主义做法。

这种转变有两个原因。首先，我们之所以轻易地把“绩效”和“测算”联系在一起，是由于设计绩效机制的目的是减轻专员的计算负担。资本主义系统具有强烈的不确定性。在这个不确定的世界中，绩效机制就成了“认知的简化器，它将预期集中在某些任务上，固定了实践的标准”（Eymard-Duvernay，1999）。在国家现代化的规划中，信息系统将合理性赋予绩效，其目的是管控和评估服务工作以及国家的行政工作。在这个规划中，绩效不仅是对“工具

① 建构主义式评估的实用性不强，而且它在评估领域的影响也很小。

主义”（Heilbrunn，2004）的颂扬，还是对“统计主义”（Desrosières，2008），甚至是对公制合理性（即认为采用公制会使计量更加合理）的颂扬。

第二个原因在于评估方式向计量学领域的转变确立了计算评估（L'expertise calculatoire）的合理性。它在某种程度上取代了专业权威（autorité professionnelle）（Desrosières，2010），而专业权威是多元的、矛盾的，并且是可协商的。

1. 对国家绩效的追求

在新自由主义国家条件下，追求绩效需要采用现实主义的态度。这种做法的后果是，国家无法保持其本质，会渐渐转变成提供服务的实体。在极端现实主义的姿态下，新自由主义国家依靠着“自动导航”手段，认为这些“管理工具”（instruments de gouvernement）（Lascoumes & Le Galès，2004）对于政府行为是非常有效率的。但国家的“性质”在此之后发生了转变。艾伦·德罗谢尔（Alain Desrosières）向我们展示了统计工具及其应用在什么程度上与国家形式紧密地联系在一起。他举了四个相继历史时期的例子。首先是通过促进生产和人力发展而推动的“工程师国家”，与之紧密相关的是人口统计、产量统计以列昂惕夫式的投入产出表（Desrosières，2000）。而18世纪的“自由主义国家”注重的是市场和价格，德罗谢尔认为，它与强调“市场透明度”（市场的主要方面）的统计工具具有紧密联系。自由主义国家时期也是刚刚开始进行国际数据比较，评估各国“国力值”（Fourquet，1980）的时期。随后的“凯恩斯主义国家”把政府行为建立在总需求及其构成基础上，德罗谢尔认为，与之联系的是国民经济核算以及根据全球经济危机早期迹象进行的经济形势分析。这些宏观国民经济统计渐渐地转变成了国家之间数据的比较，这种做法从1980年开始形成体系（Vanoli，2002）。最后，对于“新自由主义国家”，德罗谢尔考察了多种统计数据，指出这些数据的三个主要特点使它们非常具有可塑性并且非常易于应用。首先，由于这些数据来自于激励型国家（l'État incitateur），这种激励性既是对其“公职人员”而言，也是对于国家的使用者而言的，新形式的统计正是将公职人员的绩效作为国家数据进行统计的。法国的“现代化”采取的主要办法是2001年颁布的金融业组织法（LOLF，全称为la loi organique relative aux lois de finances）以及2007年7月10日颁布的公共政策全面审查法（RGPP，全称为La révision générale des politiques publiques）。这两部法案作为国家性质转变的机制发挥作用。贝塞斯（Bezès，2009）指出，LOLF这种机制，如同其设计一样，成了公共行政管理领域中的一个典型的断层。而 RGPP 所激发的机构重组的结果是，作为生产者及服务提供者的行政管理机构的绩效，与公共政策评估形成了层层嵌套的关系："一个部门的预算提案是该部门符合公共政策要求的所有项目的集合"（Bezès，2009）。接受审计的项目被规定了目标，而这些目标又被分成具有针对性的、数据化的业务目标，通过这种服务方式来执行政策。这类统计出现的原因，一方面是由于测算范围的扩大，另一方面是由于新自由主义国家的干预范围倍增，以及量化的可能性增加（环境统计、范围扩大的社会统计、健康统计、个人安全统计等）。在上述的所有例子中，"都通过协商建立起了某种判断和记录当前问题的统计数据模式、在不同的经济活动主体中分配责任的机制，以及溯源地评估政府行为的方式"（Desrosières，2000）。

最近的变化印证了这样一个论点：新自由主义国家越来越采取服务提供者的姿态，以生产绩效指标为依据。这种做法偏离了福利国家的本质，而福利国家应当保障自由、社会和谐、平等权利和平等待遇等基本公民权利（Castel，1995）。

2. 福利国家向服务提供者国家的突然转变

在公共服务领域，从保障社会团结和公民基本权利的福利国家模式转向作为服务提供者的国家模式在盎格鲁-撒克逊国家是一种普遍现象，如今的法国也同样面临这种状况（Trosa，2010）。实际上，在盎格鲁-撒克逊国家，要求取得政府行为效率的证据关系着该行为最基本的合法性，总体上说，它还关系着公民对国家保障公众利益的能力的最基本的信任。作为服务提供者的国家，其主要特点是政府活动的功利功能主义，它“借用了私营企业中所使用的工具”（Dreyfus，2010）。这种对服务提供者国家的考量很大程度上是受《财务管理新方案》（Financial Management Initiative）的影响，这一管理系统的目的是使“各个层次的管理人员对于要达到的目标都有明确的认识”，“管理人员进行评估，并且在可能的条件下根据目标测算结果与绩效，他们的责任是对资源进行最优利用，包括使用成本/效益等词汇进行审查”（Dreyfus，2010）。

政府的行为目标被缩小为好的个人绩效指标：对国民教育的评估基本上包含在对教员和学生的评估中。对健康的评估则表现为一系列指标，这些指标回避了该领域绩效复杂多样的特点（Pierru，2007；Batifoulier et al，2008）。高等教育和研究的效率只按照标准计量学对每个教员进行评估。这种专业性的“功能主义”做法（Maroy，2005）依据的是对组织与行政管理的个体化与工具化观念，认为组织机构不能成为使不同类型的政府行为与评估共存的政治空间。简而言之，这种规划把新自由主义国家看作是一种意识形态体系，与几十年来的经济学研究逻辑大相径庭。

这种对国家—服务提供者的考核方式是非常以人类为中心的，它对于政府行为的社会影响只在“为人类提供了服务”的范围内进行测算。①

不能把计量式的绩效测算当作是一种单纯的简化论做法。这种计量方式转变了政策规定与社会生活的形式本身。公共政策评估形式的多样性被忽略，公民获取公共服务的效率、劳动福利、大众权益的维护等许多方面都不再被纳入测算范围，这些绩效都让位给了总体利益。作为服务提供者的国家不再是一种保障，它的行为模式具有以下特点：①持续激励劳动并提高劳动强度；②关注个人的“经济价值而非公民身份”（即工具化理性方法论中的个体，不具有任何内涵，最大限度地关注其个体利益，但市民是城市的成员，甚至从生物学和人类学角度上说是人类的一员，他具有权利与义务，对公共财产有自己的观点，并且这种观

① 当探究在什么程度上“可以利用自然”时，由生物多样性引起的应当如何评估政府行为影响的争论，对于上述观点是非常具有启发性的。

点是变动的）；③要求对“经济人假设”（Homo Oeconomicus）的绩效进行评估；④对共和价值观，例如平等与公民资格的认识和保障。

我们要怎样才能做到这一点呢？

二、公共政策的评估需求使追求绩效变得合理

（一）公共政策评估的历史阶段

直到 LOLF 法案出台以后，政治分析和专业权威的垄断地位才转移至中央政府。这部法案建立在一种更加民主有效的管理理念上。审计院和国务委员会保障了评估的真实性与制度形式。然而，政治学研究却显示公共政策评估的概括化趋势实际上是由几个“浪潮”组成的，这就暗示着“惊涛骇浪”①（sacs et ressacs）的可能性。这种执行模式在法国直到 1990 年还不太常见，随后取得了广泛的发展。

1. 第一个浪潮：“计划项目预算系统（RCB）”1970—1984

20 世纪 70 年代初的主流思想是通过实施事前评估来制

---

① 与之相反的另一个比喻是“地质沉积”，即公共政策评估的历史应当是一个逐渐累进的过程。参看 Bernard Perret（2008）。

定预算计划，根据政府行为的预期影响来编制国家预算。计划项目预算系统在法国，或者说在西方大国中①是一种非常特殊的计划性调节机制。这种机制主要由法国政治家、二战后欧洲统一运动的总设计师让·莫内（Jean Monnet）建立的计划总署执行，该部门工作的重点是在公共投资方面进行各种宏观预测。计划所依靠的系统信息主要由国民经济核算制度提供。通常认为，RCB 出现局部问题的原因是从 20 世纪 70 年代末起，资本主义的危机加剧导致了长期的不稳定形势，因此更加短期的情境分析是有必要的，这就造成了形势分析与政府行为的时间冲突。很明显，形势分析和政府行为中出现的“情境性”并不仅仅是这段时期才出现的。情境性的分析方法诞生于 20 世纪初的美国，并迅速取得成功。1913 年美国经济学家、制度学派的代表人物韦斯利·米切尔（Wesley Mitchell，1913）关于商业周期（Business cycle）的研究主要通过收集到的各种量化数据对经济周期作系统的观察。这种方法通过一套“具有代表性的商业活动变化指标，做出诊断和‘明智合理’的预测”

① 这段时期在西方国家中只有荷兰被认为实行计划政策。其他国家都拒绝接受这种观念，“它与市场观念相反，沾染上了极权国家的经验”（Desrosières，2000，p.9）。

(Deblock，2000)。

短期经济周期晴雨表

对于这种方法，Christian Deblock 提到了两种有趣的趋势：大部分对经济周期的研究（尤其是 Juglar 的研究和 Beveridge 的研究）都借鉴了医学和计量学方法（Deblock，2000)。这个时候发展出了两种记录信息的方式，二者都服务于经济预测：一种是晴雨表（总指数，baromètre)，另一种是指标组（各种指标的组合，une batterie d'indicateurs)。Christian Deblock（2000）指出这两种方式将会处于长期竞争的状态。作者还指出，晴雨表最早是在第一次世界大战前夕由实业家制定的，“美国某些大公司，特别是几家私营事务所（maisons d'affaires)①，很快就看到了投资者以及对图表进行智能运用的企业所能取得的全部利益，他们对于表格和原始数据有着非常可观的优势，能够做出一个即时的符合实际的形势判断”(Deblock，2000)。

计划制定中“短期动力”类评估的发展所显示出的实时性的主导地位，是 RCB 向其他评估方式转变的主要特征之一。

---

① Christian Deblock 列举的实业家是 Babson 和 Brookmire。

2. 第二个浪潮：罗卡尔主义式评估

在计划总署的作用减弱、经济计划衰退的背景下，出现了一种事后评估机制。它由社会党总理米歇尔·罗卡尔提出，具体体现在1989年帕特里克·蔚五梅的报告①中，代表的是一种"更新公共服务"的意愿。这里的"更新"总结性地表达了改革工作关系、改善与用户关系、建设公务员"责任"的意愿。评估和管控的新任务被交给了议会，其主导地位要高于技术官僚和专家。② 但改革的各种目标具有很大差异，包括弥补国民议会缺乏决策明度（une carence dans l'éclarage des décision）的不足，控制公共开支，在更加民主的基础上做出更合理的决策；其中最大的问题是要求议会"用经济学术语进行公共政策的评估，（制宪议会）赋予议会监测法律执行情况的权力，并评估政策的结果，

---

① 但他的报告不全属于同样的认识论。Deleau等人（1986）的报告则更加现实。在这份报告中，"对某项公共政策的评估就是通过运用一种识别（评估）、测算（主要是量化指标）、对照（与被观测情形以外的其他情形比较）和解释（因果关系）的措施要认识和测算它的独立影响"。

② 对于特殊专业的公共政策评估可能需要审计院的协助。

明确造成的影响”。① 这种评估公共政策的浪潮很大程度上为新公共管理（new public management）奠定了基础。

（二）企业管理“3E”原则在公共服务绩效评估中的应用

1. 公共管理

如今，要设计和引导公共政策评估的管理系统，其直接灵感来源是营利性私营企业管理的实践和文化。这便是法国公共政策评估第三个浪潮的特点。首先，它采取的形式是系列审计，政府部门的账户在改革中渐渐与私营企业账户接近。迈克尔·波特（Michael Porter，2005）的研究指出，公共管理通过引入“3E”的概念，采取了私营企业的管理办法和措施。3E 指的是“利润（Economy）、效率（Efficiency）、效用（Effectiveness）”的三位一体。国家以质量、效率或者公平、效用的名义，总体上以“责任结果”② 的名义将这三者运用于政府的服务活动中（Normand，2006）。政府服务活动分析的问题与公共政策评估的

---

① 由 Maurice Baslé（2009）引自国民议会 2008 年 7 月 2 日发布的 $N_0 = n^0$ 关于第五共和国机构现代化法律草案的第 1009 号报告。

② 责任结果，即以责任结果为导向来提升岗位的执行力。

——编者注

问题互相交织，对3E的研究也就包含了丰富的信息。

我们在前一章节里提到了服务业经济活动的特点是产品具有“不确定性”。3E的倡导者则消除了这种不确定性，方法是将产出（outputs，直接产品）和收效（outcomes，间接产品）进行区分。这两种对“产品”的理解方式最大的区别是时效。前者（outputs）是服务活动的直接产品（比如治疗患者的数量、对酒驾的管控、为老年人进行梳洗）。后者（outcomes）是间接产品，是对服务活动为使用者或大众带来的长期结果进行评价（比如健康状态下的预期寿命、生态多样性的维护等）。[①] 人们根据这种分类建立了一些比率关系，这些比率表达的可以说是生产率：分子的部分是“产品”，分母则是生产该产品的投入。于是，我们便得出了三种比率的组合。首先是利润（economy），或者说金融类经济收益，它是直接产出与对应成本的比率；其次是效率（efficiency）或者说工业生产率，它是生产的直接结果产出（outputs）和投入（inputs）的比率，这个组合具有混淆直接结果和投入[②]（指进入生产程序的要素，比如劳动）

① 这几个例子表明我们不能省略对什么是outputs什么是outcomes的讨论。

② 教育机构所提供的课时数目也是像这样的投入与直接结果的关系吗？

的风险；最后是效用（effectiveness），它是收效（outcomes）与投入（inputs）的比率。此处的效用概念[1]增加了某些经济活动的含义：①这类经济活动很难识别与劳动者直接行为有关的结果，或者需要将一部分与外部事件相关的、更加间接的结果纳入考虑，并且②在这些经济活动中，评估行为效率的时间跨度非常大（Gadrey，1996）。在某些情况下，这种长期的效能概念失去了分母，并且不再为了获取效能而把执行手段纳入公式。它变成了一种用于制定数据目标的工具，并具有激励性和评估性。某些与 LOLF 相关的实践非常能代表这种逻辑方式，我们稍后还会讨论这个问题。[2] 制定的数据目标可以是个人的或集体的，可以是正式的或非正式的。在大多数情况下，这种对绩效的追求渐渐地为经济量化在某些以前并不注重绩效的领域延伸奠定了基础，尤其是在教育（Normand，2006）和医疗卫生（Pierrru，2007）领域中。

相对源于审计传统的绩效制度，这种多重视点除了由简单的生产率向绩效转向或扩大以外，还涵盖了其他许多

① 还可以建立结果（outecomes）与成本的关系，对于审计员来说这一种长期“收益”的形式。

② 在公共安全方面我们关注犯罪率的变化；在移民方面我们关注实际的离境人数。

方面。总的来说，利润、效率和效用的划分方式可以是矛盾的。这三方面属于个人或集体行为“绩效”的不同方面（财务管理、产量、长期工作效率）。一旦相互分开，这三个方面也引发很多争论：和公共安全部门一样，在医疗卫生或教育机构中，更高的效率可能导致更少的效用，直接利润与效用也同样难以相容。菲利普·巴蒂富利耶（Philippe Batifoulier）关于医疗卫生领域的研究提供了许多例子，他特别指出，工业主义的绩效追求促使医疗机构取消了免费时间（temps gratuits，额外的不收费的时间，如果病人家属要提问题的话，如医生不能手术后就走），但这种免费时间却是病人与社会联系的来源。目标是增加直接产量的机构组织在看护工作的计划中不再考虑免费时间。“这种对劳动质量观念上的冲突不仅仅是一种对认识的挑战（Chanial，2010），还是一种要求不好好做工作的指示。”护理人员是团结价值观的维护者，保障着病人获取照料的公平性，这种身份为他们带来骄傲与独特性，然而，以业绩为重的文化对此却是一种攻击（Batifoulier，2012）。

当 3E 的范式被应用于某些特定活动时，这些运转良好的模式可能表现得很吸引人，并且相对具有可操作性。佰纳德·佩雷特（Bernard Perret）列举了“警察与酒驾”的情况，这种情况中的手段和资源被表达为警力或可工作时间，产出（outputs）是检查酒驾的数量，或实际查出酒驾的数量，甚至是执行惩罚的数量。从长期来看，效用考虑的则是威慑效果——酒驾数量的下降，或者交通事故死亡人数的下降。

在其他更复杂的情况中，判定也更为复杂。首先是因为投入和产出之间只有一步之遥。其次是因为，对于什么是效用或业绩的谈判不仅是多层面的，还要考虑时间跨度，以及以活动的哪个方面作为讨论对象。在为无法独立生活的老年人提供家庭护理的工作中，在我们试着应用3E模式时，立即就出现了时间/服务的多维性这两个层面的问题，使得模式化的应用变得难以保证。产出有时被包含在投入中，它记录参与老年人家务的工作时间，还可能总结提供服务的数量；而效用或业绩考虑的则是所有人获取这类服务的途径、是否按照用户的合理要求在适当的时间提供服务。从长期看，在尊重“人的尊严”的条件下尽可能维持健康状态的预期寿命也是可能出现的标准。

此外，3E系统也忽视了政府行为的审议与证明制度的关键层面，特别是目标、宗旨与需求关系的适当性，以及方法、机制和目标的一致性（Perret，2008）。最重要的是，将公共政策评估解构为公共服务的绩效，忽视了过程的合法性以及由此产生的组织模式的生态、人文与社会可持续问题。

2. 行为义务或结果义务？

公共审计的建立对于政府行为监管普遍化构成了压力，随之而来的是对目标和所谓“结果”指标的定义变得更加系统化了，从前引导政府活动的行为义务也被取消。对于政府行为及其评估，这种工作方式的断层让人对新方法产生了担忧，特别是因为它与成本控制和公共服务绩效紧密相关。

第一个问题是缩减公共开支的政治决心，其成果便是公共政策全面审查法案（RGPP），这部法案延续“努力重建公共财政”的改革。2007 年 6 月 20 日由总理正式颁布的 RGPP 明确地以“控制”或缩减公共开支为目标，然而想要以这种方式限制公共开支，尤其是限制公共部门高额的薪资，是具有历史讽刺意味的。实际上，自 1976 年以来，公共行政管理因其所付出的成本而使得它提供的生产服务也在国民账户中更被看重。旨在缩减公共开支的 RGPP 的出台则导致了公共行政管理的产出减少（在其他条件相同的情况下①），而对于全国范围的产出，人们又想方设法地追求

① 前提是被缩减的公共服务没有被转化成市场活动。

其最大化。

第二个问题在2007年被命名为“现代化审计”，它针对公共服务的绩效，采取的具体形式是根据合同制政策的目标建立、测算并监督绩效的“组合指标”（portefeuilles d'indicateurs）。2005—2009年，现代化审计方案合并了167个审计项目，覆盖了大约1500亿欧元的开支。

（三）作为“现代化”标志的“新公共管理”

公共政策的最后一个浪潮是新公共管理（New Public Management，简称NPM），它遵循管理学的启示，圆满完成了将营利性私营企业的管理标准和工具引进公共部门的任务，因此，这种管理办法也可以被理解为由管理学意识形态引导的总体管控机制。

贝塞斯（Bezès，2009）阐明了新公共管理发展的三个阶段：①建立起靠质量与数量管理工具实行生产与信息处理的控制模式（目标/指标/对象）；②从3E的角度测算政府行为的结果，改革派把这种要求叫作“绩效逻辑”；③建立预算决策代表团，并从整体预算拨款的角度必须对管理人员与方案主管进行自主性的改革。

新公共管理响应了不同管理模式竞争的政治需求（Didier，2009），成为真正意义上强调效用价值的政治学说，但代价是损害了平等和基本权利等其他公共财产。

由于新公共管理推崇一定的价值准则，这对于用数据来体现和为技术官僚正名的社会性规范专家政治论社会调整就产生了一种意识形态的干扰。这些价值准则中居于首位的是用户的主导地位。用户的中心作用本质上只是消费者对营利性商业领域的统治，在这里却成为国家“现代化”的主干部分。Jean - Marc Weller 指出，在公共服务中，这种消费者统治对社会机构产生了多方面的影响。它通过鼓励工作的多功能性，缩减等级分化，引进新的通信技术，影响着劳动的组织形式。它还改变了劳动者在服务关系中的职责，主张服务培训，要求服务人员能够移情、倾听、有耐心。最后，它通过用户行政满意度问卷、质量承诺书等方式，转变了对机构与从业人员的评估机制。这种转变通过拉进公务员和用户的关系，对人员和工作进行了重新配置（Weller，1998、1999）。把用户置于管理系统的中心地位，管理系统不再只是“现代化的必要特征。它构成了评估政府活动质量的考核方式之一”。

伴随着个体用户主导地位的是业务人员的结果义务。这种评价结果的思维模式关注业务人员的参与及其提供的服务（Autès，2002）。这些条件被集合起来，目的是将福利国家转变成为用户服务①的国家。

三、作为总体绩效机制的基准分析法

基准分析法是一种旨在把绩效差异数据化的机制，并且它鼓励其中业绩表现最好的人成为“标杆”（Bruno，2008）。这种构建评判标准的方法渐渐地进入了如今被称为国家绩效测算的领域。受20世纪50年代大型企业管理机制的启发，政府的基准分析法首先实行于国际机构，它的首要任务就是建立可比的国际指标。我们看到有许多受到这种启发的优秀模式应运而生，例如1980—1990年美国的模式、1990—2000的丹麦和斯堪的纳维亚模式，以及随后德国的模式。

对各个方面功能主义的比较也发展了起来，产生了一些以统计数据为依据而不考察实际背景的比较，这种比较的过程与结果相协调，使得其应用变得合理。从这个角度说，OECD（经济合作与发展组织）在“公共官僚机构的管理化”（Hoffmann & Grémion，2009），以及在基准分析法的

① 这样一来，享受最低社会补助的人与社会工作者的关系表现为一次服务，其中“自动化管理根据工业标准评估服务的质量，手段义务变成了结果义务”（Weller，2010，p. 12）。

传播中发挥着非常重要的作用。一些国际机构从 80 年代末开始建立了公共管理委员会，真正发挥利用国际反馈资源的作用。以 OECD 为例，这些机构如同“操作员”，协调并传播在国际上占主导地位的，被认为是“出色”或者最优的做法与观念。这些国际组织在大型跨国咨询公司协助下，广泛地传播了这些实践方法。

基准分析法根据某些经过筛选的指标，把国家的绩效和机构的绩效等同起来。这种迅速发展的竞争校准机制要求将自身与他者进行比较，如果他者业绩优异，就模仿其做法。这种方法成了政府的数字武装。罗伯特·赛莱斯（Robert Salais）列举的开放合作法（MOC）很好地阐明了这一点。MOC 是在欧洲就业战略背景下由欧盟建立起的，旨在引导欧盟国家的社会政策，方法是鼓励他们改善基于数据指标的排行榜。[①] 伊莎贝拉·布鲁诺（Isabelle Bruno）也指出，欧盟进一步发展了这种逻辑，将基准分析法推荐给成员国来“改革它们的国家创新体系”。她强调，法国 2006 年成立的国家高等教育及研究评估局“率先采用了基准分析法，在实际工作中对科研教育活动的绩效指标进行

① pal marès，从不同职业中通过筛选收入、就业前景、从业压力、工作环境和体质要求而编制。——编者注

评估和规划”。基准分析法将绩效的差异数据化，并围绕一个需要达到的目标进行自我建设，这种校准制度的特点是巨大的差异性。基准分析法是一种真正意义上的的认知机制，它所建立的竞争性实践是过去没有的。伊莎贝拉·布鲁诺还强调这种机制在某种程度上执行着支配和订立标准的双重权力，特别是由于在这种机制中数据的合法地位日益增长，它取代了过去合作模式的多样性；而对于这种多样性，人们曾经深信不疑。

病态的语义转向：从发表量到生产量

——以学术研究为例

国家高等教育及研究评估局的评估委员会在评估实验室与研究员的“绩效”时，需要遵守某些由各个学科制定的程序。在经济学中，委员会所登记的文章“发表量”最近被重新命名为“生产量”，以此评估研究产出。这里的语意转向并不是中立的。一名教育者－研究者在不同等级①的核心期刊上每四年至少发表两篇文章，这种行为被看作是“生产”。对于法国国家科学研究院的研究员（将工作时间用于研究的人员），任务是每四年四篇。教育者和研究员的产出被简化成了在核心期刊发表文章的数量。

① 刊物被划分为A、B、C三类，其中A类刊物是最“杰出”的。

这种“计算”产出的方式看起来非常方便并且相对客观，但它的标准却是有待商榷的（到底什么是“杰出”的杂志?）；它导致了一些适应性战略，造成了研究活动的标准化；它还削弱了研究者职业生涯的多样性，将真正的“科学贡献”与公共辩论贫瘠化了。后者只有通过对研究内容的深入探究才能进行评估，即使是这些研究另辟蹊径，或者与传统相违背，甚至可能需要长时间的摸索与探索。2007 年 Albert Fert 获得诺贝尔奖时，他向世人呼吁，“我们不能把严苛的目标强加给研究。研究的历程永远不是线性的。应当让基础研究自由地进行，让研究者们追随自己的想法，曲折地摸索前进，最终通过这种方法来获得成果并应用于实践。我在开展工作时并没有对自己说，我要提高硬盘的储存能力。刚出发的时候，谁都看不到最终的风景”（世界报，2007 年 10 月 24 日）。

其他渠道也巩固了基准分析法的推广，尤其是经济领域把它作为本地化概念加以运用的方式。例如，2007 年 12 月 31 日医院计划的财政法案出台后建立的地方卫生局（ARS）渐渐替代了政府组织，尤其是通过非固定劳动合同招募职员，制定活动和绩效的数据目标。ARS 进行服务活动审计，推广基准分析法实践，并意识到不仅要紧跟比较对象的指标，还要遵循由组织机关规定的管理程序，这样做的目的是鉴别出“优良的实践做法”并推广开来（Belorgey，2010）。LOLF 法案（金融业组织法）同样是一种由基准分析法构成的机制。在实践中，LOLF 最早被合法化的部分是社会管理化，这种认为只要来自经济领域的都是营利性的观念，其合法化的过程从本体论上可以说是一种有效率的机制。在这种背景下，管理国家就如同管理中小企业一样。

我们可能会想要讨论一下这些技术性机制的效果，例如法布里斯·巴尔代（Fabrice Bardet，2009）就研究了城市排行榜。他认为，作为基准分析法的终极形式，排行榜是一种经过深思熟虑的科学政治的结果，但其应用和效果却更加分散。他举了一个例子，城市排行榜作为一种认知机制，导致了城市间通过指标显示的吸引程度的竞争，而医院排行榜也同样造成了医疗机构的竞争。政府的活动通过这种方式生效并且合理化了。排行榜就如同是一种讨价还价后的善后机制。我们可能会同意这种分析，但关于基准分析法绩效特征的研究却是令人信服的。在缺乏市场价格因素的条件下，公共机构个人和集体绩效的指标发挥着调节竞争的作用。这些指标成为实体机构竞争机制的重要组成部分，这些实体机构某种程度上和谐相处，并且围绕竞争以外的其他驱动因素建立起合作关系。

四、专家：标准化与量化的操作者

基准分析法作为新公共管理的中心机制，它的产生建立在一种持续的误解上。为了让绩效成为一种既有效又合法的机制，关于绩效的协商制度方案应当是理想化的，并且以给绩效提供程序上的合法性为目的。这种程序上的合法性来源于上述制度方案允许利益相关者之间的组织互动，确保协商的绩效机制是一种有效的集体认识成果或集体共识。

在实践中，标准化与量化的执行者不是民主革新者，而是专家与科学家。新公共管理正是这种情况，专家扮演的角色远远超过了简单的“翻译者或摆渡人”（Berrebi - Hoffmann & Grémion，2009）。他们作为真正意义上的标准化操作者，甚至作为几乎“独立”的调整权威介入管理活动（Thévenot，2010）。①

一种反对专家判断的价值论抵制趋势发生并发展着（Trépos，1996）。无论是在现代国家还是在所有承认量化知

① Gori和Volgo认为，“专家们可以说是我们今天新奴役制度的司书录事”（Gori，2009；Gori & Del Volgo，2009）。

识生产①的政治形式中，都存在专家权威系统，就如同求助于某种具有法定地位的知识一样。专家由学者组成的内阁②作为独立权威对政府管理进行干预，他们脱离了政治监督和舆论批评（Trépos，2010）。所有的专家工作程序都依然是相对不透明的③，不同观点、意见、理论分歧和认识论差异都很少表现出来。专家掌握着关键点，这种机制存在于评估和测算的前期工作中，使得一种被客观化、合法有效并且即将投入使用的知识被放在了首位。这种内部专家权威的运行导致抵制专家的运动越发成为一种空想（Bardet & Jany - Catrice，2010）。不仅如此，专家还成了管理绩效、

① Jean - Hervé Lorenzi 既是经济学教授，也是多家私营企业行政委员会的成员，关于 RGPP，他表示：“这项法案以非常严苛的标准执行，并且以合约的方式引入了外部咨询公司的协助。这些外部参与可以实行非常实用的成本 - 效应测算”。参看公共行为者网站：http：//www. acteurspublics. com/rgpp - 30 - ersonnalites.

② 专家内阁，又称“人才内阁”，即 expert obinet，是实行内阁制的国家组织政府的形式，内阁的主要成员由不代表任何党派的专家担任。——编者注

③ 例如，Isabelle Barbéris（2009）通过研究各种人文社会科学领域的杂志中隐含的逻辑，指出：“我们想要找到的精神是，对公共实用性的任务进行研究后，向我们解释以什么样的方式不向功利主让步。然而不管我们翻阅哪一篇文章，所有能够理解的讨论形式都在通知与冷冰冰的报告的夹缝中维持着窒息的状态，这正是任务、专家权威、比较技术等一系列范式合作的成果。”

经济学和计量学的代言人（Muniesa & Callon，2009）。[①]

数据的系统化强化了专家评判的正统性。数据发挥着特殊的社会作用，被看作是高级的知识形式，生产数据成了专家的核心活动（Trépos，1996），我们在下一章节会讨论这一点。这种机制夸大了可公度性[②]和计算的价值（Heibrunn，2004）。

结论

追求绩效成为了一种管理的常规工具。实践证明，它不仅仅是一种简单的管理手段或工具，不但是把一切置于竞争对立状态的病症，还是对自己的表达。追求绩效从一种真正的体制，转变成了一种目的论和“意识形态”（Barbéris，2009）。专家权威是这种模式的主要操作者，某些政策和媒体作为其实践提供了合法性。

测算国家绩效，将福利国家转变为服务提供者国家，如果说这些现象是构建整体绩效的基石，那么，还有另一个组成部分也在这种系统中发挥着作用，那就是量化。实

① 这里考虑的是评级机构和移交给它的象征作用。

② 可公度性，亦称“可通度性”“可通约性”，是指如果两个量可合并计算，那么，它们可以被同一个单位来衡量。——编者注

际上，正是推广对政府活动的测算，尤其是以当代的基准分析法为形式的测算促进了对目标和方法的量化。

这种量化的趋势使得人们制定和协商出某些指标，这些指标“不仅仅是一个技术问题，还关系着政治机制的哲学。对它们进行讨论的程序还没有被发明出来”（Desrisières，2008）。

我们在下一章节还会继续探讨量化的问题，从根本上说，这个问题关系着民主。

第五章 绩效与量化

将某种活动转化成可测算的数量会导致一种急性数字崇拜（quantophrénie），这是一种真正的测算病。

——De Gaulejac，2011

引言：量化入侵全球

“数据化”的体系化发展已经不是什么新鲜事了。我们这里要讨论的是，数据是依靠着怎样神奇的能力与权力在舆论中保持虚假的价值中立的？量化是以数据构建现实的特殊方式，其执行机构通常认为这种方式能够减少不确定性，提供某种有利的条件，最终导致争论的消失。

在各种体系化和标准化的机制中，由“数据”实现的一类（指标、系统的国际化排名等）似乎具有特殊的性质。这种特殊性质在于所谓的数据的力量，它有取代个体在工作中提供证据的能力，特别是诚信。这些机制成了实物形式投资，这个概念是由 Laurent Thévenot（1986）定义的，也就是说，这些工具规定了标准、规范和惯例的格式，在生产、机器和劳动者之间建立起某种关系（Thévenot，1986）。

来源于管理应用的“绩效指标”，它的快速增长依赖于格式投资，又反过来加强了格式投资的合法性。绩效考核的工具是建立公式。统一的计算和结算公式（例如，以文献计量学①作为评估研究员绩效的依据）在整个专业领域推广开来，并通过模仿或辐射超出某一专业的范围。数据不被或不再被认为具有争论的空间，这就削弱了各种观点相互对质的能力，而集体观点的碰撞能够考虑从事工作的理由以及好的工作参与方式。

世界卫生组织2000年关于591个成员体

卫生体系绩效的报告

法国的卫生体系在整体绩效方面（包括健康与回应状况、财政资助与公平性）名列前茅。每个成员体的健康状况水平是由考

① 文献计量学（bibliometrie），是指用数学和统计学的方法，定量地分析一切知识载体的交叉科学。它是集数学、统计学、文献学为一体，注重量化的综合性知识体系。其计量对象主要是：文献量（各种出版物，尤以期刊论文和引文居多）、作者数（个人、集体或团体）、词汇数（各种文献标识，其中以叙词居多）。文献计量学最本质的特征在于其输出务必是“量”。——编者注

虑残疾人数量做相应处理后的预期寿命来测算的。为了评估绩效，世界卫生组织把测算分成了两个阶段。首先发布的是整体结果。这些结果以五个标准来确定每个成员体的情况：健康水平及其分布情况、回应水平及其分布情况、财政资助的公平性。第二个阶段是通过评估卫生体系用于排名结果的投入对体系绩效进行测算。在报告中，“绩效”这个词被作为效率的近义词使用。成员体的排名及其绩效指标吸引了大量媒体关注并激发了围绕绩效评估的科学讨论。人们从不同的角度，包括哲学角度，对世界卫生组织的这种程序进行批评。此外，各项结果中采用的数据和指标的质量，以及模型构建与总体方法论的采用都被特别质疑。面对来自各个成员体和科研群体的批评，世界卫生组织取消了这种排名。

来源：Or，Com-Ruelle，2008.

在价格变得混乱或缺乏价格调节的情况下，绩效指标通过发出替代信号或互补信号来提供市场行情。这些指标既是信号，也是促进商品交换的措施。在下文中，我们会讨论绩效向所谓的“比率专制”（ratiocratie）的转变；然后是数据的独特属性，它不考虑使用数据和产生效果的社会条件；接下来，我们会讨论在数据专制（De Gaulejac，2011）的社会中，指标具现成了概念，并替代了概念。最终，我们会探讨在这种资本主义新时代中可能的民主空间。

一、从绩效到比率专制

量化作为工具，其概念和应用的发展体现在个人绩效的测算、指标组合的构建和数据目标合同的制定上。

我们知道量化是一个做出评判的过程，目的是“确定某样东西的价值”（Desrosières，2008）。在特点明显、定义模糊的活动中，绩效评估就是这个艰难和解的结果。当绩效评估基于对现实的研究而做出理性分析时，结果可能是非常有效的，从这个意义上说，经济实体可以考虑采用这种方法。

但是，如果机械化应用绩效评估，就会导致一种“比率专制”，只会招来抵制。在绩效领域，这种偏离被万桑·高乐雅克（Vincent Gaulejac）叫做“数量隔膜症”（quantophréniques），指的是对量化的狂热。在形成集体判断时大量使用“指标”，随之而来的问题则是如何面对它们，整个社会渐渐抛弃了科学知识、专业技术和技术官僚的合法性。专家、经济学家或统计学家管理的结果是，数据渐渐地被从假设和怀疑中解放出来了。它的效果非常好：失业政策变成了失业数据的政策（Data，2009）。2002

年到2007年由法国内政部的“新治安管理”经验同样表现得非常有效。这种由治安人员提供讯息的信息系统，目标是在活动的前期确定国家目标，这里的国家目标“指的不仅是一种趋势，而且是已经数据化的结果”。这种战略在实践中造成了一些“与现实不符的安排”，特别是忽视了公共活动的最终目的是“减少公民面临的风险”（Mucchielli，2008）。

以数据表现绩效的另一种形式是内源化战略。我们可以看到，为了影响绩效数据，许多组织机构在活动前期对目标进行了限制：精心挑选一部分用户。这样做既是为了减少不确定性，也是为了增加直接绩效。例如，高中为了改善绩效的主要指标（升学率）而对入学新生进行挑选。部分医疗卫生机构也是同样的情况，对于按照医院规定费率（T2A）[①] 标准带来收益较少的病人，一般不鼓励接收。同样，科研杂志要求作者们在文章参考文献中加入自家的杂志，哪怕该杂志只是内部刊物。这种做法机械地提高了该杂志排名的指标（影响指数），这些指标被看作反映了学

① T2A即Tarification àl'activité，是指法国公共卫生机构的一个拨款系统，它直接借鉴了工商企业的做法。卫生机构所获报酬与其所实施的实际行为直接挂钩。而识别实际行为必须对“同质组病人”进行定义，如何定义则取决于各种不同情况的性质，以及价格的定位。

术杂志的绩效。① 更普遍的情况是，不论私营企业还是公共机构，组织的工作安排到最后都只是在围绕着统计数据进行。与之相矛盾的是，这种安排带来的是活动的官僚主义化以及程序的繁复化。比如在审计公司中（Porter，2005），对绩效的评估需要"做报告"，透明化的准则不可避免地导向了一种官僚主义②的作风：增加诊断和行政管理程序，增加控制与"超监管"（sur-inspections）（Power，2005）。Power（2005）引用了政府监管（État réglementaire）的观点，审计在定义政府的身份时发挥着关键的作用。但同时，一些越来越虚拟的脱离了工作检验的信息系统作用日益重要。"人们不再研究现实，而是想要依靠神圣而科学的个人绩效评估做到量化与客观的测算。然而，这是不可能的。工作与工作结果之间并不存在比例关系"（Dejous，2003）。

---

① 见世界报（Le Monde）2012 年二月 18 日文章，《激励加注的艺术》（De l'art d'inciter à la citation）

② 关于这个问题请参见 Bernard Gomel 和 Dominique Méda（2011）的研究成果，其研究对象为法国 RSA（Revenu de solidarité active，法国的一项社会福利制度，扶助对象为没有收入的家庭，但是受扶助家庭必须在一定时间内找到工作或者做出再就业计划）的实施情况。只要随便去 ANR（Agence nationale de la recherche，国家研究中心）的走廊上逛逛，或者是观察一下某些机构（就研究所遇到的机构来看，包括 Aeres、ARS、ANSP）的角色，便可随处发现官僚主义导致的协调上的臃肿低效。而这样的结果正是评估、监测和测度绩效导致。

这可能不是数据本身产生了问题。就像 Emmanuel Didier（2009）提到的那样，“从历史上说，统计是一种适用于所有民主政体的非常具有优势的生产信息的方式。”问题来自使用数据的方式：在新自由主义国家中，数据代表着居于主导地位的视角，在某种程度上就使得多角度的评估被忽视，甚至被排除了。数据不应当把结果客体化，而应当在私营企业或者公共机构中作为一种激励和强化工作、证明专业进步以及监控自治工作的工具。

二、数据的社会属性

说到底，问题的关键在于对数据的盲目崇拜。即使如同查尔斯·哈吉（Charles Hadji，2008）在关于对部长工作成果进行评估的提案中所强调的那样，“数据并没有垄断所有的实践”，在当今社会中我们仍然发现数据有一种特殊的力量，这种力量与它所处的社会条件有关。

数据有多种社会属性。这些社会属性的第一种能力是能够产生一种虚幻的认识论中立性和同样虚幻的社会验证——没有人会再质疑数据是以怎样的方式生成的。第二种能力，数据为消除社会关系中的个性提供了条件。比如，安娜·萨尔蒙（Anne Salmon，2009）就证实，呼叫中心实行目标数据化的做法深刻地改变了它们与客户的伦理关系。她强调，个人或集体提供的劳动被体现在数据中时，后者会制造出一种屏障并将社会关系标准化：“工作中，实体的消失与关系的理性化有密不可分的关系，这种理性化节约了人际交往的时间，只留下可以进行比较的结果满意度。”

（一）直接性—快速性—简易性

除了虚幻的科学性以外，数据似乎还拥有其他吸引人的性质，那就是直接性、快速性与简易性。在《没有质量的工作》中，理查德·桑内特（Richard Sennett，2004）指出，根据他对当代资本主义弹性后果的研究看来，社会以其直接性与即时性的特点而具有越来越鲜明的特点。这种增速与追求可持续性是相互矛盾的，而且数据（虚假）的即时性使人们越来越看重非常短期的现象（比如股价指数的变化）。然而这种对直接性的偏好的内容被改变了。曾经即时性被限制在一定范围内，具有不可逆的特点，比如医疗急救或司法紧急状况。然而如今即时性变成了机构组织日常运作的模式，就像奥贝尔（Aubert，2004）所指出的那样，它在紧张的潮流中起着促使个人“超常发挥”的作用。

绩效衡量的增速动力存在于许多层面中。首先，如同哈特姆特·洛萨（Hartmut Rosa，2010）所指出的那样，经济增长曾经是这种加速度的主要基础。其次，在工业生产力的模拟形式中，增速是当代政治的主要方式之一。它依靠“行动主义创造效率”的错觉。法国评估协会名誉主席莫里斯·巴思磊（Maurice Baslé）非常正确地指出了这一点，“评价小组以非常快的速度开展国务秘书处级别的公共政策评估”。为了支撑自己的观点，它描述了国务秘书处社会展望和评估部门①是如何在三个月之内开展研究，并通过依靠大量数据来加快工作的。

最后，在组织层面，加速度表现为劳动密度的加强和对所谓“间歇时间”（temps morts）的追逐②。

（二）现实被可视化还是被改变?

数字生产不满足于反映社会现实，它还参与创造现实，赋予自身一种不容置疑的现实内容。然而，数据生产的创造工作主要在于建立约定俗成的公式，从而能够进行核算。比如，为了开展彻底的人口普查，就需要把每个个体的价值与“1”等同起来……如今最具有合法性的对等关系，尽管争议

① 从2008年起，该部门的负责区域（4月6日法令）包括的机关单位有战略分析委员会（CAS）、经济分析委员会（CAE）、退休人员指导委员会（COR）和就业指导委员会（COE）。

② 即系统地识别考核中被视为无用的时间。

很大，就是给财富赋予货币价值，因为评估和审计如今已成为了与环境有关的问题。数据生产的合法性是由确保其社会有效性的经济参与者所赋予的，其中最主要的是经济学家。

在数据把现实变得可视化时，它的方式似乎总是体现着某种程度的简化主义。“失业”不单指需求工作的人；“欠债户”① 也不单是指那些向法国银行提交补助申请的家庭；财富不仅仅局限在“GDP”中……与这种简化主义相关的原因有：①对概念约定俗成的定义；②收集数据的程序；③更普遍的是，为了制定数据化的现实标准而建立的对等关系。利用这种元数据（métadonnées）建立公式时，从一定程度上确保了透明度，它通常摆脱了指标格式，不进行背景分析，而是独立传播。上海的排行榜就是一个明显的例子。

上海世界大学排行榜的悖论

上海排行榜似乎对某个定义不准确且没人提出的问题做出了一个综合性的回答。这个排行榜既没有说是为谁而建立的，也没有说能提供什么效用。从发布起，它激起了一种无与伦比的神秘

---

① surendettés，也指外债超过偿还能力的国家。——译者注

氛围。除了我们刚刚提到的困难外，这项排名还面临着三个主要问题。首先，被评估的单位不是以非常精确的方式定义的。在许多西方国家，高等教育机构有着悠久的历史，由此所产生的组织形式也是非常复杂的：我们有综合性大学、高等学府，还有研究机构。在这种背景下，针对什么样的机构才能被算作是“大学”这个问题，答案并不是显而易见的，它需要对制度情况有精确了解：法兰西公学院是一家享有盛名的学术机构，但它不颁发任何学位也没有一个学生，却出现在了2003—2005年的上海排行榜中。此外，我们的高等教育机构在历史上经历过多次改革。（……）由全国保健和医学研究所（Inserm）进行的研究并不能帮助提高我们的大学在上海排行榜中的排名。难道我们可以因此就说应当取消这些机构，把它的资源和人力分配给大学吗？合并巴黎的十三所大学，并把国家科学研究中心（CNRS）和全国保健和医学研究所的职员与威望分配给合并的大学，我们就得到了一个在上海排行榜上名列前茅的机构……然而，我国的科研潜力并不会因此而提高，而这样一个庞大的机构，管理上却面临着诸多问题。还需要提到的是，上海排行榜使用的标准表面上都很“客观”。我们可以说，算上诺贝尔奖、菲尔兹奖的获得者，以及数据库中被引用得最多的文章和作者就够了。但魔鬼却藏在细节之中。要怎样把玛丽·居里1903年获得的诺贝尔化学奖与艾尔伯·费尔2007年获得的诺贝尔物理学奖等同起来？而假设诺贝尔奖获得者曾经工作的机构已经不存在了，那又该怎么计算呢，例如1968年划分之后的情况。难道因为艾尔伯·费尔隶属于一个联合研究小组，那么，他的诺贝尔奖对他学校的价值就减少了一半吗（世界报，2007年8月25日）？如果发表在《自然》上的文章由12位而不是2位作者署名，那么，这篇文章在排名上的就更具影响力吗？想当然地认为科学自然而然地被划分为21个类别（其中6类与医学和生物学有关），并且依据这些类别来确定被引用次数最多的研究者，这种做法是正确的吗？可以认为一篇经济学文章应当比化学文章重要一倍吗？在表面的客观性之下隐藏着大量或多或少具有争议性的或抽象的选择。

来源：世界报，2009年11月16日，“上海排行榜，错误的研究与算法”，Jean-Charles Billaut，Denis Bouyssou，Philippe Vincke.

但数据也确实产生了一些效果：对于更好地看清现实，实施新的活动，它是一种具有补充作用的因素。从这个意义上说，数据是非常有效的：由于数据表现现实的方式具有追溯既往的效力，它不仅构建出一种世界观，还有助于改变现实。

三、数据代表着概念

在数据崇拜的社会中，数据最终代表了概念。无论是在可持续发展的生产方面，还是在生活质量、福利方面，概念似乎在元叙事的背景下越来越不被看重了。相反，它越来越让位于指标清单，指标通过体现概念的内容在某种程度上代替了概念：我们不再定义什么是可持续发展，而是列出十几项指标表明这个概念的各种内容，欧洲的可持续发展计划就是这样做的。当然，绩效不能逃脱这种数据崇拜的过程，它甚至很好地适应了这个过程，因为这让评估的进程也变得“很有绩效”。于是，表现概念的数据被作为概念展示在了指标清单中。

不同层面的货币化可以说与这种指标清单类似，货币化所依靠的经济学和价格的制定是有争议的。通过研究个人主观性的数据而建立的指标似乎也是一种可行的，甚至被认为是前景很好的模式。我们接下来会探讨这一点。

（一）货币化的指标

绩效的数据指标有多种形式。[①] 它是不同生产模式下产出的呈现。尽管货币不是唯一的评估模式（宏观上，我们可以想到联合国开发计划署的人类发展指标，或者微观上，

① 绩效比率的分母差不多总是以时间单位作为标记（因为时间单位具有中立、线性与极化的特点），这一点没有太大争议，而对于确立的目标、生产对象、作为绩效比率分子的因素则存在较多的争议。

LOLF 的指标），货币评估在绩效的数据指标中占据了优势地位，尤其是在与环境相关的绩效指标中。

尽管这种争论不是最新出现的，但对自然提供的服务进行货币评价而引起的争论又成为这个问题的新焦点。

货币化之所以被如此重视，有两个理由：首先是因为在它具有良好的教育意义，这让问题的本质价值得以确定，既可以评估其内在价值，包括没有被使用的部分，也可以评估自然提供的服务。当专心于给一些没有价格的财产、一些虚拟的商品（根据 Karl Polanyi 的定义）或者非商业非有价的服务进行货币评价时，经济学家们强调的观点是，如果没有价格，就不会有人注意，自然财产就面临着消失的危险。

令人惊讶的生物多样性相关数据

生态系统每年向人类提供的服务价值估值在 17000 至 58000 欧元之间（由联合国环境署评估）。

不采取行动的代价约为每年世界 GDP 的 1%，到 2050 年会达到 7%，即大约 14 万亿欧元（Sukhdev，2009）。

资料来源：WWF 网站

Chevassus-au-Louis 等人明确地指出，他们把微观经济的事前评估作为重点，也就是说，为了社会经济的估算，优先对生物多样性提供的服务的价格进行研究。“实际上，如果其他因素（时间、噪音、污染的价值）被计入公共决策的成本/收益分析，那么，如今对生物多样性的影响效果其实被视为无效。”

但是对自然及其提供服务的货币化导致了人们借助于货币等价物来代替货币领域以外的“物品”。这就需要采取某些值得商榷的方法，我们完全可以预料到这种方法的内容：给自然所提供的服务定一个价格，这就是将服务变成商品的象征形式。总的来说，这样做有很多不确定因素，它们还关系着某些价值系统，而正是这些系统一定程度上规定着采用的等价物。根据一系列不同的办法，人类经济活动的结果被赋予了货币价值。

被采用的货币化措施中，有一部分是基于（被认为是）引发性的修复成本。另外一些措施则把货币化建立在预防成本，或者避免人为损害的解决办法的成本基础上。还有一些其他类型的计算，例如保护价值（valeur tutélaire）。在货币化的意图中，保护价值建立在一种认识论断裂上，因为它公然地在制定价格时重新加入了政治因素。保护价值是一种政治性的价值，它被用于评估温室效应气体排放和碳价值。比如2001年，计划总署的一个工作小组负责确定与环境相关的价值，并将结果纳入对交通基础设施的社会经济评估中，该小组提出采用吨煤 100 欧元的保护价值。这种价值既不是来源于问卷调查，也不是来源于对成本的科学评估。它是围绕许多因素进行长时间讨论之后被采用的，这些因素包括：减少温室气体排放所花费的成本、现行政策、新设备的应用、专家的各种前期研究产生的价值多样性。这种保护价值是一种过渡性的妥协，它试着整合利益对立的经济主体的论点和主张。与最开始提到的措施相反，保护价值货币化过程的好处在于能够获得多重的合法性，这种多重合法性容许被赋予的价格是政治性的。它体现了政治和科学之间的模糊界限。然而这种特殊的货币化过程有一个重大缺陷，那就是默认赋予自然的价格是价值的唯一标准，并且它可能会成为“具有社会合法性的、对抽象价值的表达”，即使是在“常规的贸易情况”中，这种定义也是被广泛承认的（Orléan，2007）。在重视环境问题的国家，这种保护价值还要表现出处于环境恢复的未实施（或者未完成）阶段的样子。

但最被推崇的方法是定额评估。这种方法旨在对于生物多样性提供的服务进行货币化评估。它还依赖于一个过程，那就是确定个体赋予某项物质财富的价值。一般来说，在环境领域提出的问题如下：“您愿意为改善空气质量或保护某个物种花费多少钱?”在社会领域，我们也越来越多地看到这种类型的问题：“您愿意为减少城市的飞机噪音污染花费多少钱?”或者“您会以什么代价（按照货币价值）接受犯罪率的上升?”（Essec，2011）……这种方法基于一种功利主义视角，其中的个人选择无关道德，但都隐含地接受了不同物质财富之间存在可替代性的假设。一旦一种财富被赋予了价值，这种替代性假设就不可避免。它排除了体现着人的伦理表现和词典式偏好①的选择之间的等级区别。

于连·米拉奈斯（Julien Milanesi）以非常令人信服的方式将定额分析法归功于边沁（Bentham），后者认为，一个公平的社会应当是幸福的社会，但他试图将一定货币的数量作为“衡量痛苦与欢乐的标准”的近似值。在定额分析法采用的这种哲学和公制度量系统中，宗教道德、基本法和社会标准等都不再存在了。支付赞同或支付意愿，作

---

① J. Milanesi 明确地指出，词典式的原则是这样：某一种物质财富比其他所有物质财富更被偏好，在个人的“道德承诺”中也一样。例如：某个物种的存续比所有物质财富的集合更被偏好。

为或有估价法①的基础，是功利主义理论的要素之一：某项物质财富的使用价值成了受访者一致同意支付的金额。由于该物质财富不可分割，它的使用价值成了受访者愿意支付的最高价格。拒绝回答这种估价的受访调查者表示，货币标准化不代表着中立的立场，在这种情况下，货币的强制使用并不是对自然物品价值归因的社会有效性的表现。

（二）货币指标的行为表述

安德烈·奥尔良（André Orléan，2011）在他的研究中指出，货币本身是广受欢迎的；于连·米拉奈斯也巧妙地说，货币数据也因此而广受欢迎，因为它能够非常实用地维持建立在成本—效益分析之上的政策。数据指标的快速增长表现出市场自我调节的假想的扩张，它延伸了“假想商品”② 的概念（Postel，Sobel，2011）。这是“大转变”

① 或有估价法，即 méthode de l′evaluation conitingente，是一种基于调查问卷的估价技术，可用来计算货币价值的损失。——编者注

价值归因，是人们基于某人或某事的“感知价值”而不是客观数据为其灌注某些特证的倾向。——编者注

② 一种物质财富或服务，即便不是“为了出售的产品”，也被赋予了价格和市场评估。

（Tolanyi，1944、1983）的结果。

货币评估的过程就是商品化的开端之一。诚然，其中的关系并不是直接的。我们可以在斯泰恩（Stern）的研究或舍瓦苏斯-奥-路易（Chevassus-au-louis）的研究中觉察出一种真诚的意图：将保护生态环境的思想和意识标注出来，不含有丝毫的商品化目的。这样的标注以货币的形式体现时，一般以为应该在集体代表中更加有效。货币是经济价值凌驾于其他一切衡量体系的象征，然而在某些情况下，个别受访者会表达反对意见。

（三）对主观指标的量化

主观指标也同样侵入了集体判断的制定过程。主观指标的推崇者们通过多种手段建立它的合法性。首先，他们赋予主观指标一种将属于主观维度的事物客观化的能力。这种量化模式能越过对概念（例如公共服务的任务和效率）的多维性的确认，像西班牙小酒馆一样，在这里，每个人都能达成自己的期望。其次，这些指标支持着一种由个人选择集合而成的经济。如此一来，一个系统的效率将根据满意度或活动受益者（用户和顾客等）的福利来评估。最后，作为一种对集体主观性的度量方式，主观指标的建立和发现过程，只需要管理调查问卷和收集数据的时间。这样，比起概括和协调集体利益的过程，这种方式更具有优势，而民主决策的研究仍然是一个相当长的过程（Rosa，2010）。

与旨在给共同价值建立一种集体客观性的做法相比，运用在价值问卷（Value Survey）中的主观指标被认为更加方便。它提供了一种好处：建立在个人意见被接受的那些人的参与性上。这种指标的合法性就显而易见了：它建立在集合个体话语的民主之上，建立在由个体实行的对各种利益表达的综述之上，当然，不要忘记的一点是，它还建立在量化的问卷措施上。建立了科学性地位的，是具有代表性的数据样本。人们拥有着由不同特殊利益群体[①]共同构建的个人观念。然而在推广这种方式时，人们却很少提及它功利主义的基础，那就是“官员”的个人主义，而且以共同的度量单位集合个体利益这种做法，它除了个人主义

① 对“财富”的替代研究法也没有避免这类主观问卷的发展。这种研究方法以问卷为基础建立度量标准，而问卷的问题从简单的“幸福”水平到生活满意度指数，人们把这些问题的变化与其他可变因素的变化联系起来，无论其相关性是否被验证（Kahneman & Krueger，2006）。

的方法论基础外，很早就面对了质疑。①

主观指标还具有消费者或用户至上的意识，并坚持这样一种观点：个人事先具有给定的偏好，只需要揭示它就行了。集体利益的表达是根据这样的方式建立的：每个人都被要求在“喜欢/不喜欢”“满意/不满意”“我感觉很好/我感觉不好”的刻度上做出定位。通过增加参与者的数量，整体的力量被加强了。伴随着福利国家向作为服务提供者的新自由主义国家的转变，这种方式也为社会关键问题的个性化表现提供可能。

四、国家、统计与民主

量化的形式是多样的，只有考虑到它与制度和国家形式的关系才能理解数据狂热在社会中的应用（管理、政府活动、民主）。我们在上一章节已经探讨过这个问题，尤其

① 尤其是由 Condorcet 和 Arrow 提出的质疑。Condorcet 对自 18 世纪末起大多数决策的不合理与缺乏一致性的风险进行了数学论证。在 1972 年，Kenneth Arrow 通过陈述不可能性定理概括了 Condorcet 的悖论。他通过强调建立集体偏好函数的难度指出了投票程序的局限性。他提出，依赖具有主导地位的国家偏好函数的风险是存在的。这样就变成国家规定公众利益，国家选择公共财产，也就成了统治者的偏好函数。这一点对国家为集体需求配置集体财产的能力提出了疑问。

是依靠 Alain Desrosières 的研究辨别了国家形式与评估实践之间的关系。

同样，Robert Salais（2010）也指出，在就业政策中，过度指向性的政策要求提高业绩数据，这就造成了社会对绩效的追求，这种追求与社会公平是相矛盾的。然而，指标不仅仅简化了现实，它还体现着政治观。从这个意义上说，它对公民的世界观形成发挥着作用，而这种世界观改变了公民的行为，让他们追求既定的目标。因此，存在着这样一种集体责任，它通过数据来塑造对现实的反映，也就是我们关注的绩效。

日渐发展的量化趋势，如同演讲中优秀的论据，而作为其背景的社会则失去了大部分协商对话、形成共识的能力，这样的社会在狂热地追求数据的同时徒劳地，或者说拒绝接受合作地重建一种信心。显然，这种信心对于制定指标来说是一个核心问题，因为数据指标的建立维持着激励制度。

绩效和超越是将统计与民主联系起来的问题之一。对此，有许多例子虽然没有以正确方式谈论绩效，但都对统计和民主的关系提出了问题。例如 2007 年实行的种族调查。由这个争论焦点引发的问题在于统计的双重能力：首先是一种知识解放能力，它同时也是一种工具化和操作的能力。如今依赖总体绩效方式的治理形式披着不严谨的、虚假的科学外套，超越了任何质疑。这个问题，以总体绩效系统为例，作为个人解放的源泉、个人奋斗的组成部分却并非他人强加的约束形式，该如何利用这些自主机制的统计产物呢？这需要同时考虑到建立计量程序的社会政治条件、挑选指标的社会实践，以及绩效所依据的指标的社会政治用途。这对于族裔统计和绩效指标都是值得的。思考建立指标的社会政治条件需要从指标的合法性和民主性的角度考察。

结论

问题不是数据本身，也不是测算本身。量化与国家形式的确立有着同样悠久的历史。权力以它自己的标准设计了一种或者多种测算尺度，如同以自己的肖像打造货币一样（Kula，1984；Bardet & Jany - Catrice，2010）。然而，对于这些问题的研究强调着这样的观念：量化从本体论上说是一个陷阱（Bruno，2010），更准确地说量化被过度使用（Salais，2010）。

在科学性和严密性的外表下，数据倾向将活动、任务和参与的意义混淆起来，创造“认知模糊” （Salais，

2011)。这种科学性的包装是一种表征，它表明了数据没有能力恢复辩论的权利，甚至掩盖了关于经济活动目的性的辩论。这就导致调节个体关系之间压力的任务被交给了官员，无论这种关系是否“属于行政活动”(Weller，1998)。在许多主要由女性从事的服务活动中，通常是服务链末端的劳动者们负责调解一些不可调和的矛盾，产生这些矛盾的原因是工业主义逻辑与便民服务的特殊性质的对立。

作为这一切的总结，我们还要强调在这些变化和总体绩效的发展中经济专家们所负的责任。主流经济以及帮助这种经济模式取得合法性并推广开来的操作者，通过突出个人主义、工具化理性以及对个人福利的追求，加剧了经济活动与其本质意义之间不断增长的压力。

这种局面是不可避免的吗？我们在下文中会说明，过度依赖总体绩效的社会条件并不是必然的。有一些方法可以让我们走出这种僵局，只要我们重新思考一下民主。

第六章　绩效体制的多样化

引言

经济主体需要明确价格是由谁来制定的，以便进行协作，指导社会生产的方向（Boltanski，2010）。Boltanski Luc认为，这种定位可以是外部的（习惯或机制）；其中，数据指标越来越居于主导地位。

我们已经通过分析绩效的来源（第一章）和绩效的历史（第二章）说明了这种趋势。同时，我们还指出了薪资关系变化下的资本主义现实（第三章），以及从国家（第四章）和更普遍的社会（第五章）角度对这种趋势进行了批评。尽管这种趋势是相对结构性的，但这不意味着它是决定绩效唯一的体制。在最后一章，我们探索的便是摆脱这种趋势的方法。

一、四种绩效机制

通过对占主导地位的绩效模式变化进行共时的分析，我们可以发现这种变化建立了一种普遍主义的单义的模式。事实上，多种绩效机制要么是以共存的方式存在，要么是以混合的机制交织在一起。本尼迪克特·齐默曼（Bénédicte Zimmermann）提出，在社会科学的知识基础重建中，存在着要求普遍性和要求多样性的双重压力。多种绩效体系有同样的性质。根据我们的观点，绩效机制之所以具有多样性是因为在构建了绩效概念的思想体系以外，还存在着许多种实现绩效的方式。即便有某种结构基础需要塑造统一的形式，实现这些形式并赋予它可操作性的经济主体和制度却是与原本的形式相配套的。这种围绕着主导趋势所发生的不显著的变化使得多元的评价方式变得显而易见——这也意味着潜在的对立或冲突——只有这种变化能够同时解释是谁代表着效率的争论（Eymard-Duvernay，1999）以及“同意和分歧、接受或批评，这类交替中任何一方的突然转变”（Boltanski，2010）。

在我们已经探讨过的问题之中，有两个主要的因素关系着绩效体制及其配套指标。一个是产生绩效机制的过程。

这种评估的模式考虑了合作（规定或协商的）和制度标识：绩效机制的实施是制定的还是协商决定的？另一个因素是衡量与测算的标准在总体和各个层面的特征。下面，我们依次研究这两个问题。

（一）绩效机制的产生过程

如果说量化测算如今“显示了权威” （Thévenot，2010），或者在合法化的过程中取得了胜利，这并不意味着数据与权力的关系是平等的，就像我们在之前的章节中所提到的那样。我们观察到等级制度和权力的关键发生了转移，无论关于“什么产生了数据”，还是关于“谁制造了数据”。可以肯定地说，一种绩效机制的产生过程，也就是说一种评价机制的具体形式，可以是“协商的”或“规定的”（Emyard－Duvernay，2005）。在协作与威权这两种极端的模式之间，我们可以在具体的实践中观察到多种多样的行为表现与互动策略。

（二）一种规定式的绩效机制

规定式绩效机制的建立过程，就个体劳动者的情况来说，在于合同制度。如今这种合同制度在佛朗索瓦·艾马尔－杜凡奈所定义的自由企业中是一种现实做法，就是说自主和平等的个体之间由合同制度相互关联。合同制度在新自由主义国家中则更为普遍。依照皮埃尔·达尔多（Pierre Dardot）和克里斯汀·拉瓦尔（Christian Laval）的定义，新自由主义国家是指有意识地摧毁福利国家，并为自己制定以竞争为基础的合理管理机制的国家。在这种背景下，个人被视作是平等的。任何结构性不平等的形式都被认为是不合理的。劳动与工资规则的组织以遵守劳动合同为目的。在当代资本主义中，这种劳动合同的形式是规定某种绩效机制。这种机制以单边方式制定，其特征是用数据来体现工作的成果，而这种数据造成了更多的困难、争论和抵制。构建这种绩效机制的过程缺乏民主，而这种缺乏由从其他领域取得的合法性补偿。从这个意义上说，专家网络（比如咨询事务所）是这种规定式绩效体制的重要支撑：某种程度上，专家网络体现了其生产出的科学且不容置疑的数据具有学术的、必要的合法性。①

在工作的组织方面，规定式绩效机制的建立过程忽视

① 斯蒂格利茨委员会于2009年9提交给总统的报告是非常有有趣的，一方面这份报告的制定过程是在经济学指导下集体工作的成果，另一方面，这份报告的结果由一系列不同思想流派的主张所阐释：能力论、福利经济、幸福论，这些思想的主要倡导者是斯蒂格利茨委员会成员 Daniel Kanheman，Amartya Sen，Tony Atkinson 等（Méda，Jany Catrice，2010）。

了合同要求与实际工作之间的空间。这种能自由决定的空间是调整和适应过程的核心，在每一次个人生产活动中都是非常必要的。当这种空间受到限制时，劳动者就会感到压抑。而如果这种空间被忽略了，生产活动会就失效，罢工就是这种失效的症状。

（三）协商式绩效机制

协商式绩效机制以集体的方式构建和实施。① 然而，这里的“集体”概念无论在意愿上还是在结果上都有一定的规定。

“集体”概念有时被看作并列的个人观点的集合。这种看法缩小了人类活动中互动的含义，因为它认为独立自主的个人事前已经具备了自己的观点，这些观点在有需要时（例如意见调查、表达个人利益时）就会被表达出来。

就绩效指标来说，我们已经指出这种认识论所依靠的观念把个人偏好放在首位。在这种观念中，通过采用可参与、可表决方式所认定的，应当由群体负责的“公共财产”的概念被个人利益挤掉了，而公务人员也被认为应当追求公民个人利益的最大化。这种观念存在着一些不可忽视的

---

① Fredéric Livian 和 Christophe Baret（2002）。

风险，过度使用主观考查会导致对个人自由和社会责任的忽视，而这些都是集体福利的构成要素。

但是，在绩效指标建立过程中，集体特性主要源于由公民组成的团体。在这种情况下，规定公共财产，赋予公共财产价值并负责保护的任务由集体来承担。这种做法并不是最近才出现的。在对于财富指标变化的研究中，这种情况已经被许多作者提及了，比如 Méda（1999）、Viveret（2003）、Gadrey（2003）的独立研究和 Gaderey 与 Jany-Catrice（2006）的共同研究。这些研究的共同点是都建立了一种集体福利的概念，它不可以被简化为个人福利的总量，这种集体福利承认公共遗产（自然遗产和社会遗产）的存在，“它被交到每一代人的手中，继承人应当清点这些遗产，并观察它的变化”（Méda，2008；Jany - Catrice & Méda，2010）。那么，要如何来考虑涉及公共财产、整理利益和集体遗产的总体变化呢？

这种研究的好处是没有将内部概念和外部问题相分离。内部问题在于对预测量技术配置、组成部分的选择、测算区域的划定、数据来源以及计算透明度的思考。而外部问题则强调的是设计与应用工具的历史背景、机制取得合法性和社会有效性的过程及其因素、同盟网络、争论和反对意见。

在协商体制中，集体通过混合论坛的方式做出决策，这个概念由 Michel Callon、Pierre Lascoumes 和 Yannick Barthe（2001）所设计，指的是辩论与商讨的开放空间，在这类论坛中专家和公民的言论被一视同仁，决议的过程特别受注重。经济主体通过讨论诸如什么是“领土财产”和“所有人的福利”等问题最终集体做出合理的决策。

由于这种模式是协商式的，它的目标便是在共同协商的基础上达成集体妥协的成果，在必要的情况下可以是非强制的。当然，这种协商的具体模式可以根据不同的领域和层级有所区别。在某些情况中，它与企业所使用的传统、正式的社会对话相类似。在其他情况中，则为了突出民主审议的形式而根据各种经验摸索着设计出新的模式，这些模式有时候披上“民主审议”的外衣，即一种“通过对话来摆脱剥夺了公民话语权的代表团民主和局限在专家世界的科学性这两种灾难”（Zimmermann，2004）。

绩效指标的适用过程是由利益相关者之间的争论所推动的，它不是一个标准的程序，但总是关系到公共政策工具的合法性。它一开始由研究量化的社会学家（Chiapello & Desrosières，2006）与政治学家（Lascoumes & Le Galès，2004）广泛采用并做出评定，并且在整个工作中，指标绝不是中立的，它是验证过程中各种选择、摸索与争论的结果，指标总是体现着世界观与社会选择。

正是以这样的方式，GDP 指标的普遍应用伴随着以商业为基础的工业重建运动，这个运动在第二次世界大战之后的几年里是凯恩斯主义政治与经济政策的首要任务（Fourquet，1980；Gadrey & Jany – Catrice，2006；Desrosières，2000）。也正是以同样的方式，LOLF 指标的应用持续伴随着对新自由主义国家的认可。

应该完全信任个人的主观性与偏好吗，或者信任理论模式中假设的一致性，还是信任对公共财产定义的争论。这些问题不仅仅是程序上的，它们直接影响着政府行为和研究的结果。为此应当重新设计能更好地容纳各种参与措施的制度。①

（四）绩效的统一或多维度标准

第二个构成元素是评估对象单一或多维的特性。在理想的情况中，测算对单一维度评估起着类似认知简化器的作用。它在多维度的评价中则更起着如同揭示器的作用。这种多维性涉及行动意图的证明形式。传统上被承认的主要标准是“城区”（Salais & Storper，1993），例如技术区、

① 在最近的研究中，制度这一核心问题被忽视了，尤其是斯蒂格利茨 – 森 – 菲图西委员会的研究本应该在它的记事本上写下记这一项核心的，甚至可以说是紧急的民主问题。

工业区、商业区、金融区、家庭区、市民区甚至环境区。

在以关系作为拱顶石的服务业活动中，我们找到了在绩效和效率方面使用复杂评估的理由及其实践。这个理由很大程度与产品呈现的不确定性以及潜在的冲突有关。

这些相互矛盾的分析与多元化评判标准的具体使用有多种原因。首先是服务关系的特性，我们在第二章已经指出，它通常要求（用户/劳动者）互相的或单方面的调整；其次在于这种服务关系的固有特性，以及情境的复杂性（比如我们之前提到过的医疗机构和教育机构的情况）；还有劳动关系的个人化与最终产品的集体特性之间的紧张关系；最后是评价确定的时间范围。时间范围提供了让经济活动与产品、效应的耐久度和持续度接受评价的机会。

这个特性是总体特征，它导致人们用一种不可能实现的同质化和标准化来要求和看待产品，而这种同质化却是测算的核心。尽管人们在一些“待处理的事件”中试图实现同质化（比如同类病人群体、同类需照料群体或同类资源群体），或者对“合法的大众”进行定义，但这种特性还没有被正确地认识。

评价的标准并不是以混乱的方式先于评价行为本身而存在的。在资本主义社会中，单一的绩效标准很大程度上由管理人员和金融家支配，迈克尔·珀尔（Michael Power,

2005）在他的作品《审计社会，无法摆脱的控制》中指出了这一点。这些单一的绩效标准把经济（作为商业和金融业的组合）当作支配制度。但它并非只能如此。

二、四种绩效体制

从以下两个意义上说：①绩效在工业产业被看作个人化和量化的合作机制。②体制由明确的规则和暗含的标准构成。这两条分割线，或者说最关键的[1]争论领域可以划分出四种绩效体制。

表 6.1　绩效体制

评估标准 / 制定过程	单一维度绩效（测算发挥着一种认知简化器的作用）	多维度绩效（测算发挥着揭示器的作用）
规划式（体现为简单的数据测算）	例如：规定的单一指标（专制体制）	例如：Lolf 机制（管理体制）
协商式（体现为一套多重标准的数量或/和质量的测算）	例如：福特主义劳动关系中的每小时生产率指标（福特主义体制）	例如：对组织机构的经济与社会效用评估 例如：在全国范围内基于审议的指标制订。（审议体制）

① 这里借用了 Eymard－Duvernay（1977）对“经济活动体制”的研究中所采用的方法，将这种方法应用到绩效评估机制的实行体制上。

我们把“规划式/单一维度绩效”这个组合归为专制绩效体制，这种体制非常典型地体现在金融资本主义中。无限制的货币积累信仰在这里采取的形式是15%的预期利润率，这种信仰构成了这种资本主义新的天际线。这种统一的（金融的）绩效标准规定着金融世界的效能概念，如同Isabelle Pivert解释的那样：“从20世纪90年代中期开始，股东价值作为统一的原则，甚至成为了实现合理化的标准，因为它在这之后应用于几乎所有的部门中。一家上市公司必须以利润的方式服务于它的股东，这里的利润即投资的回报，它可以达到甚至会超过每年15%。在十年里，利润对于上市公司来说成了可操控的，甚至核心的概念”（Pivert，2009）。利润绩效指标作为市场调节的规范机制，有利于聚集“分散的个人，方法是为他们构建一个共同的地平线，即对金钱的欲望，以及一个共同的世界，即会计的世界。…商品化程度越高，金钱在社会中的统治范围就越大”（Orléan，2011）。

“规划式/多维度绩效”这一组合可以与新公共管理联系起来，在法国，LOLF就是一个典型的例子。尽管LOLF被赋予了一种民主的特性，但我们认为把它归类为规划式更正确。实际上，赋予这个法案的民主特性与指标协商程序的特性没有任何关系，而主要在于对议会的问责制上。此外，对于将社会政治条件指标与指标制定过程相分离来说，这种体制可能是最有成效的。通过经济实体对制度的遵守，顺应一种认识论中立性，这种分离取得了行为的合理性，而上述的中立立场似乎是由“数量的管理”所赋予的。

价值论的中立立场“协商性进程/单一性标准”的组合体现了协商独特性的体制特点。正是藉由这一特点，各个团体才能够以目标为中心，通过协商来集聚自己的能量。福特式折中主义与伴随其左右的生产制度将这一体制的特色很好地展示出来。关于这个话题，我们在前面几章已有论述。

最后是被我们称为审议体制的“协商式/多维度绩效”体制。当组织机构在公共权力的要求下，需要以其“经济与社会效用”或其社会贡献为标准评估其经济与社会绩效时，这种体制在团结与协作的措施中是最先进的。同样，在强调产品与服务内容的环保主义经济实体网络中，为了评估产品和服务的环境可持续性和社会宗旨，这种体制也是最先进的。因此，正是由于产出的特殊性，尤其是关系公众利益，定义随着历史变化的、作为复杂的社会构建成果的公共服务的效率和绩效的评估才以复杂的方式被提出。我们在下文中更详细地来讨论这个体制。

三、审议体制

审议体制的认识论基础不再仅仅考查个人，而是让公民有意识地参与到针对公共财富的集体思考中——公共财富需要被认定、估算与保护。在第一种情况中，社会的代表被限制为一定数量但没有具体内涵的代理人，他们按照工具化的理性最大限度地追求个人利益；而在第二种情况中，公民是有具体定位的经济实体，是城市的一员，他们承认权利与义务的原则，并对公共财产具有某种观点，这种观点可以是不断变化的，而且必须是其唯一的要求。与根据代理人个人初始偏好的代表方式非常不同，这种审议体制的最首要特征是公民的代表不是固定的，代表们需要面对和参与争论，花费时间来完善思想、互相理解，通过这种方式建立能被认可的公众利益空间。这种公众利益空间会持续地面对质疑，它可以表明一个活动（比如生产活动）的集体意图。这就设定了行为规则，通过这种方式就有分歧的目标达成一致，以具有活力的方式超越目标。

要评估组织机构的经济与社会效用、社会绩效或者全国范围内的集体福利贡献，这个数量众多、错综复杂的问题提供了一些方法，这些方法可能并不是能够复制的答案，但至少是一种提出挑战的方式。直到20世纪80年代，个人效用总量都被认为能够作为集体或社会效用的度量。既然事实并非如此，就需要发挥申请仲裁的程序合法性，让多数人支持的观点生效。正是在这种情况中决议的社会可接受性胜过了社会最优性，正如我们假设的一样。在这种情况中，到底是什么突出了合理性、“交际行动”与行为准则（Habermas，1992），对于这个问题，人们重建了辩论的角斗场并参与了论战。

审议体制联合利益相关者，主要是为了避免制定出错误的目标。它依靠着用户或者说用户—公民①以及专业人员的重新认定。通过把主题/目标转变为主题/经济实体，公民—用户为评估社会效用所做出的积极贡献可能比较有限（Offredi & Ravoux，2010）。这一观点旨在对审议体制在所有情况下的社会反思能力进行重新评估（参见第四章）。也就是说，引导社会数据报表的形式对其做出反应。

这种审议体制还有一部分需要完善。例如，在Claudine

① 常常被用于城市政策的专有名词。

Offredi 和 Françoise Ravoux（2010）所考虑的实验中，提到了让社会自省具有可行性、可复制、可结盟，在制度生活[1]中发挥作用，并能与实际困难联系起来。这种自省性是非常有必要的，因为“公民要求理解某种实践、抉择或选择的理由。解释、证明和说服是民主个人最基本的要求，对民主个人来说权利的价值不是它自己体现出来的，而是应该说明自己的适当性、专家领域和局限性”（Zarka，2009）。从这个观点出发，民主不否认权利的原则，但它要求权利证明自己。自省性的加强让我们认识到：能够达成一致的转变应当更具有解放性，而不是因循守旧。

评估程序的社会效用或者评估组织的社会贡献，最重要的是将内部调节与外部调节的能力转移给指标。内部是指评估方式可以加强人的反应能力，巩固集体智慧和公民对量化过程所做的贡献。外部是指由于资源的混杂，对活动的证明把公共实体与组织的指标放在调节的中心。为了组织的存续或者活动的维持，评估也可以为自己辩护。在

① 两位作者引用了关于普瓦图－夏朗德地区气候变化的一个公民陪审员的例子。北部－加来海峡的公民会议关于财富新指标的问题源于同样的意图。这个会议以一种审议体制的初步概念为信标，没有人敢于宣称自己就是受托人。

某些情况中，面对其他的组织形式和条例，尤其是替代效应与营利性私营企业或者公共服务共同存在的情况，指标还可以被用来对组织活动的增加值进行定期监测。这就隐含地表明了测算具有潜在可比较的维度。

评估一个机构的社会效用的过程被与多维标准的结果本身同样重要，这是由于这个过程可以产生动力，并且具有适应性，还能取得合法性。在这方面，民主对话同样存在走捷径的风险，这是由于技术官僚想要通过建立指标的方式来定义什么是“社会效用”。于是，这种体制要么会脱离实际，要么会成为公共合法性的“双重代理”。

在所有的情况中，参与过程所产生的集体智慧最后总是承认质量的重要性。无论是由于联合活动与目的的差异性，由于实体自我评价及过程的重要性，还是由于当提到公民、社会公平、个人与集体的发展、保护自然这些方面的伟大时，被量化的伟大（限制为“频率”“密度”“数量”等）无论如何也不会消耗被鉴别出的伟大本身。这些宏观的定位应当最低限度地与质量结合在一起，通过社会学调查得出政府、劳动者与志愿服务者等的行动轨迹。所有这些“不可由数字计算的”，以及可以被合法地承认为社会贡献，作为社会的剩余价值的，包括恢复个人与集体的反应能力、被找回的个人尊严、与利益相关者共同进行的内部与外部管理、内外关系的质量、批判精神的建立、符合需求的程度等，都应该能够通过重新恢复质量调查的方式被揭示和构建。如同一种被共享的公共知识的元素，目标是取得“精确性与社会公平性”（Salais，2010）。

结论

在当代资本主义国家，绩效的强制性表现为可以与资本主义新精神（Boltanski & Chiapello，1999）相比的，不断发展的个人自治与责任化。在这本书中我们通过给绩效冠以“总体”之名，在 Danilo Martuccelli 之后强调了处于支配地位的不再是一种意识形态，而是规则的扩散以及对“约束性责任制”的屈服（Martuccelli，2004）。绩效指标由不同领域的专家生产的数据来体现，它巧妙地具备了一种认识论中立性，非常易于让人服从，看起来又没有强制性。追求将计算理性与所有的制度层次相结合的做法，无论这些制度层次是来自于测算，还是来自于象征机制或调整机制，都参与了总体绩效的计划。

同样，对具体的绩效机制及其变化的分析为我们考察合作的模式以及是什么产生了权威（Thévenot，2010）提供了契机。这种具体的分析让我们能够通过两条结构性分割线研究并存的多种绩效体制。一方面是接受绩效评判劳动行为的单一维度或多维度的特性；另一方面是产生数据指标规范的社会政治条件。

我们正是打算以这两点为基础给这本书作一个总结。

首先，我们强调，揭示数据绩效的异化结构，是民主的一个关键问题。在总体绩效的教义下，个人的、功利的、商业的意识形态越来越多地决定着选择，并且渗透到社会的所有缝隙中。

然后，我们提出以到一种不同的方式来思考社会的终极性，这种方式是过渡性的，它表现为多种多样的抵制形式：对过度量化的抵制（Viveret，2003），对不受测算控制的人被“取消比赛资格”（Ogien，2010）的抵制，甚至对数据的表面中立性的抵制。①

接下来，我们强调了对产生数据指标规范的社会条件的分析，这种分析更普遍地涉及建立什么是正确的、什么是好的，甚至什么是美的等权威标准时民主开放程度的问题。对财富（Méda，1999；2008）或机构公共财产、领土

① 由经济学家和工会主义者集体呼吁的，围绕着“公民审计”的债务问题，很大程度上参与了这种抵制用心险恶的经济绩效及其数据指标的运动。

甚至国家的重新定义只能是共同约定的成果，这就需要对实体和社会力量参与构建的模式（Gadrey，2005）做出比这本书里更多的分析。简而言之，需要探索集体选择的民主性。无论它采取的形式是对财富新指标的寻求，还是对福利的测算，或是可持续发展，在这方面，已经出现了众多探索。在布列塔尼地区，在卢瓦尔河地区，在加尔省或是北部—加来海峡地区，这些实验[①]的目的是脱离指标的决定论，并且更新对民主的思考，这种更新以鉴别与保护基本权、公共财产、公众利益，以及能体现民主的指标等问题为基础。这些实验以自己的方式转变了人们对什么是“有绩效”的认知，并为其多元化提供了民主合法性。

这种运动是必要的，但可能不足以提供从根本上转变我们的社会的条件。面对生态、社会和人类的迫切需求，这种转变是十分必要的。如果有一天我们可以想象出一些将测算作为提出争论的民主工具使用的方式，可能还应当同时学着脱离这种语言，以便与先于需要而存在的成果断绝关系，与更有意义的社会实践重新建立联系。

---

① 参看 Fair（Forum pour d'autres indicateurs de richesses 其他财富指标论坛）网 http：//www. fair. org.

参考文献

ABELHAUSER Alain, GORI Roland, SAURET Marie – Jean, 2011, *La folie évaluation. Les nouvelles fabriques de la servitude*, Paris: Éd. Mille et une nuits.

ANTIPA Pamfili, Gilbert CETTE, Laure FREY, Rémy LECAT et Olivier VIGNA, 2007, 《Évolutions récentes de la productivité: accélération structurelle dans la zone euro et ralentissement structurel aux États – Unis?》 *Bulletin de la Banque de France*, n°164, août, p. 25 – 36.

ANXO Dominique, STORRIE D., 2000, *The job creation potential of the service sector in Europe*, Final Report, Employment Observatory Research Network, Sweden.

ARROW Kenneth, 1951, *Social Choice and Justice*, Yale University Press.

AUBERT Nicole, GAULEJAC Vincent DE, 2007, *Le coût de l'excellence*, Paris: Éd. du Seuil.

AUTES Michel, 2002,《Vers de nouvelles régulations politiques de la question sociale》, *Déviance et Société*, n° 26, p. 183 – 193.

BACACHE – BEAUVALLET Maya, 2009, *Les strategies absurdes. Comment faire pire en croyant faire mieux*, Paris: Éd. du Seuil.

BACKOUCHE Isabelle, NAEPELS Michel, 2009,《Faire la preuve》, *Genèses. Sciences sociales et histoire*, n°74, p. 2 – 4.

BARBERIS Isabelle, 2009,《Le cauchemar de Paul Otlet》, *Citdés*, n°37, p. 9 – 11.

BARDET Fabrice, JANY – CATRICE Florence, 2010,《Les politiques de quantification. Introduction》, *Revue francaise de socio – économie*, n° 05, p. 9 – 17.

BASLE Maurice, 2009,《Révision générale des politiques publiques et activités évaluatives en France: différences, complémentarités? Collection,《recherches, études veille》, Institut de la gestion publique et du développement économique, février.

BATIFOULIER Philippe, Jean – Paul DOMIN, Maryse

GADREAUt 2008，《Mutation du patient et construction d'un marché de la santé》，*Revuefrançaise de socio – économie*，n°01，p. 27 – 46.

BATIFOULIER Philippe，2012，àparaître，《Le marché de la santé et la reconstruction de l' interaction patient – médecin》，*Revue française de socioéconomie*，n°10.

BAUMOL William，1967，《Macroeconomics of unbalanced growth：the anatomy of urban crisis》*American Economic Review*，57，n°3，p. 415 – 426.

BEAUD Jean – Pierre，PREVOST Jean – Guy，（dir.），1999，*L'ère du chzffre. Systèmes statistiques et traditions nationales/the Age of Numbers*，Québec：Presses de l'Université de Quebec.

BEAUJOLIN – BELLET Rachel，SAINT – MARTIN Anne，2002，《La productivité dans tous ses états》，*Travail et Emploi*，n°91，juillet.

BELORGEY Nicolas，2010，*L'hôpital sous pression. Enquire sur le《nouveau management public》*，Paris：La Découverte，coll. Textes à l'appui.

BERREBI – HOFFMANN Isabelle，GREMION Pierre，2009，《Élites intellectuelles et réforme de l'État. Esquisse en trois temps d'un déplacement de l'expertise》, *Cahiers internationaux de Sociologie*, n° CXXVI, p. 39 – 59.

BEZES Philippe, 2009, *Réinventer l'État. Les rdformes de I' administration française*, Paris: Puf, coll. 《Le Lien social》.

BIDET Alexandra, 2011, *L'engagement dans le travail, Qu' est – ce que le vrai boulot?* Paris: Puf, coll. 《Le lien social》.

BIGNON Nicolas, FLOQUES Didier, 2009, 《La structure des rémtmérations en 2006》, *Dares Premières Synthèses*, n° 31.4.

BOLTANSKI Luc, THEVENOT Laurent, 1991, *De la justification. Les économies de la grandeur*, Paris: Éd. Gallimard.

BOLTANSKI Luc, CHIAPELLO Eve, 1999, *Le nouvel esprit du capitalisme*, Paris: Éd. Gallimard.

BOLTANSKI Luc, 2010, *De la critique.* Paris: Éd. Gallimard.

BOSCH Gerhard, LEHNDORFF Steffen, (ed.), 2005, *Working in the service sector – a taIe of different worlds*, Londres et New York: Routledge.

BOSKIN Michael J., E. DULBERGER, R. Gordon, Z. GRILICHES, and D. JORGENSON, 1996, "Toward a More Accurate Measure of the Cost of Living," Final Report to the Senate Finance Committee, December 4.

BOUSSARD Valérie, 1998, L'évaluation des relations de service: outil de mesure ou régulation? *Éducation permanente*, n°137.

BOYER Robert, 2001, 《L'économiste face aux innovations qui font époque. Les relations entre histoire et théorie》, *Revue dconomique*, vol. 52, n°5, p. 1065 – 1115.

BOYER Robert, 2004, *Théorie de la régulation*, *les fondamentaux*, Paris: Éd. La Découverte, coll. 《Repères》.

BRILLET Emmanuel 2004, 《Le service public à la frangaise: un mythe national au prisme de l'Europe》, *L'Économie politique*, n°24, p. 20 – 42.

BROUSSE Cécile, Bernadette DE LA ROCHERE, Emmanuel MASSE, 2002, 《Hébergement et distribution de repas chauds. Le cas des sans – domicile》, *Insee Première*, n°823.

BROUSSE Cécile, 2005, 《Définir et compter les sans – abri en Europe: enjeux et controverses》, Genèses, n° 58, p. 48 – 71.

BRUNO Isabelle, 2008, *À vos marques*, *prêts ...*, *cherchez*, *la stratégie européenne de Lisbonne. Vers un marché de la recherche*, Bellecombe – en – Bauge: Éd. du Croquant, coll. 《Savoir/Agir》.

BRUNO IsabeUe, 2010, 《La déroute du "benchmarking social". La coordination des luttes nationales contre l'exclusion et la pauvreté en Europe》, *Revue française de socio – économie*, n° 05, p. 41 – 61.

BUISSON Benoît, 2001, 《Les indices de prix des services aux entreprises》, Séminaire Crest, 28 juin. Voir http: //ww ~ v. crest. fr/seminaires/recherche/20002001/prixservices. pdf

GALLON Michel, LASCOUMES Pierre, BARTHE Yannick, 2001, *Agir dans unmonde incertain*, Paris: Éd. du Seuil.

CAPRON Michel QUARREL Françoise, 2006, 《Évaluer les strategies de développement durable des entreprises: l'utopie mobilisatrice de la performance globale》, *Revue de I'organisation responsable*, vol. 1, n°1, p. 5 – 17.

CASTEL Robert, 1995, Les *Métamorphoses de la question sociale: une chronique du salariat*, Paris: Éd. Fayard, coll. , 《L'Espace du politique》.

CFDT, 2011, 《Pôle Emploi: Malaise des deux côtés du guichet》, Paris: Éd. CFDT.

CHAUXqERE Michel 2007, *Trop de gestion rue le social*, Paris: Éd. La Découverte, coll. 《Alternative sociale》.

CHEVASSUS – AU – LOUIS Bernard, SALLES Jean – Michel, PUJOL Jean – LuG, 2009,《Approche économique de la biodiversité et des services lids aux écosystèmes》Contribution à la décision publique, Rapport du groupe de travail, Centre d'analyse stratégique, Paris: La Documentation française.

CLOT Yves, 2010, *Le travail à coeur, Pour en finir avec les risques psycho – sociaux*, Paris: Éd. La Découverte.

CORIAT Benjamin, 1990, *Penser à l'envers. Travail et organisation dans l'entreprise japonaise*, Paris: Éd. Chr. Bourgois.

CORDONNIER Laarent, 2000, *Pas de pitié pour les gueux. Sur les théories économiques du chômage*, Paris: Éd. Raison d'Agir.

COUTROT Thomas, 1998, *L' entreprise néo – libdrale, nouvelle utopie capitaliste?*, Paris: Éd. La Découverte.

DARDOT Pierre, LAVAL Christian, 2009, *La nouvelle raison du monde. Essai sur la société néolibérale*, Paris: Éd. La Découverte.

DATA Lorraine, 2009, *Le grand trucage, comment le gouvernement manipule les statistiques*, Paris: Éd. La DÉcouverte.

DEBLOCK Christian, 2000,《Le cycle des a//aires et la prévision économique》, in Jean – Pierre BEAUD et Jean – Guy PREVOST, *L'ère du chiffre/the Age o/Numbers*, Presses de l'

Université de Quebec.

DEJOURS Christophe, 2002. *Le facteur travail*, Éd. PUF, coil 《Que Sais – Je》.

DEJOURS Christophe, 2003, *L'évaluation du travail à l'épreuve du réel, critique des fondements de l'évaluation*, Inra éditions.

DELEAU Michel, NIOCHE Jean – Pierre, PENZ P., POINSARD R., 1986, 《Évaluer les politiques publiques, méthodes, déontologie, organisation》, *Rapport pour le Commissariat généraI du Plan*, Paris: La Documentation française.

DESROSIERES Alain, 1993, *La Politique des grands hombres. Histoire de la raison statistique*, Paris: Éd. La Découverte, coll. 《Textes à l'appui》.

DESROSIERES Alain, 2000, 《L'État, le marché et les statistiques》, *Courrier des statistiques*, n°s 95 –96, p. 3 – 10.

DESROSIERES Alain, 2006, 《Les recherches de Ian Hacking sar l'histoire des usages des probabilités et des statistiques dans le raisonnement inductif》, *Journ@ I électronique de l'histoire des probabilités et de la statistique*, vol. 2, n°1, 8 p.

http: //www. jehps. net/Juin2006/Desrosieres. pdf.

DESROSIERES Alain, 2008, *L'argument statistique.* Tome

1: *Pour une sociologie historique de la quantification.* Tome 2: *Gouverner par les hombres*, Paris: Éd. Mines ParisTech, coll. 《Sciences sociales》.

DESROSmRES Alain, 2010, 《Est – il bon, est – il méchant? Le rôle du hombre dans le gouvemement de la cité néolibérale》, *communication au séminaire L'informazione prima dell' informazione. Conoscenza e scelte pubbliche*, Université de Milan Bicocca, 27 mai.

DIDIER Emmanuel, 2009, *En quoi consiste l'Améique. Les statistiques, le New Deal, et la démocratie*, Paris: Éd. La Découverte, coll. 《Textes à l'appui》.

DODIER Nicolas, 1993, 《Les arènes des habiletés Les objets dans l'action》, *Raisons pratiques*, n°4, p. 115 – 139.

DREYFUS Françoise, 2010, 《La révision générale des politiques publiques, une conception néolibarale du rôle de l' État》, *Revue française d' administration publique*, n° 136, p. 857 – 864.

DUBET François, 2004, 《Critique de la performance comme module de justice》, in Heilbrunn, B. (dir.), *La performance, une nouvelle idéologie*?, Paris: La Découverte, coil. 《Critique & Enjeux》.

DuPLry Jean - Pierre, 1982, *Ordres et désordres*, Paris: Éd. du Seuil.

EHRENBERG Alan, 1991, *Le culte de la performance*, Paris: Éd. Calmarm - Lévy.

EHRENBERG Alan, 1998, *La fatigue d'être soi*, Paris: Éd. Odile Jacob.

ENGELS Xavier, HELY Mathieu, PEYRIN Aarélie, TROUVE Hélène, 2006, *De l'intérêt général à l'utilité sociale, la reconfiguration de l'action publique entre État, associations et participation citoyenne*, Paris. Éd. L' Harmattan, coll. 《Logiques sociales》.

ESSEC, 2011, 《Guide du retour social sur investissement (SROI)》, *Les Cahiers de l'Institut de l'innovation et de l'entre-preneuriat Social, IIES. Traduction et adaptation en frangais par I'ESSEC IIES de* A Guide to Social Return on Investment publié par the Cabinet Office, ed. ESSEC.

EYRAUD Corine, EL Mml Mustapha, PEREZ Patrick, 2011, 《Les enjeux de quantification dans la LOLF. Le cas de l'enseignement supérieur》, *Revue française de socio - économie*, n°07, p. 147 - 168.

EYMARD - DUVERNAY François, 1999, 《Approches

conventionnalistes des entreprises》, *Gérer et comprendre*, n°58, p. 58 – 71.

EYMARD – DUVERNAY François, 2005, 《De la valeur aux institutions de valorisation》, miméo, FORUM – Centre d'études de l'emploi (CEE).

FOURASTIÉ Jean, 1987, La productivité, Paris: PUF, coll. 《Que sais – je?》.

FOURQUET François, 1981, *Les Comptes de la puissance. Histoire politique de la comptabilité nationale et du plan*, Paris: Éd. Encres, coll. 《Éditions Recherches》.

FucHs Victor, 1967, *The Service Economy*, New York: NBER, .

GADREY Jean, 1996, *Services, La productivitd en question*, Paris: Éd. Desclée De Brouwer.

GADREY Jean, 1998, 《Produit et productivité》, *Cahiers français*, n°286.

GADREY Jean, 2003, *Socioéconomic des services*, Paris: Éd. La Découverte, coll. 《Repères》.

GADREY Jean, JANY – CATRICE Florence, RIBAULT Thierry, 1999, *France Japon États – Unis, l'Emploi en détail, essai de soeioéconomie comparative*, paris Éd. PUF.

GADREY Jean, 2005, 《Reconsidérer la richesse? Avec quels acteurs et quelles forces sociales?》, *L'Homme et la Soci été* n°2 – 3, p. 115 – 130.

GADREY Jean, JANY – CATRICE Florence, 2005, *Les nouveaux indicateurs de richesse*, Paris: Éd. La Découverte, coll. 《Repères》.

GADREY Jean, JANY – CATRICE Florence, 2006, *The New Indicators of wealth and Development*, Basingstoke: Éd. Palgrave McMillan.

GADREY Jean, MEDA Dominique, 2009, 《Commission Stiglitz: un diagnostic juste, des propositions (encore) timides》, *Alternatives Economiques*, juin.

GADREY Nicole, JANY – CATRICE Florence, PERNOD Martine, 2009, 《Employés non qualifiés: la catégorie oubliée des politiques d'égalité professiormelle》, *Économies et Sociétés*, *ISMEA*, *série* AB 《Socio – économie du travail》, n° 30, p. 57 – 86

GAJARDO Marcela, 1993, 《Ivan Illich》, Unesco: Bureau international d'éducation, vol. XXIII, nos 3 – 4, p. 733 – 743.

GAULEJAC (de) Vincent, 2005, *La société malade de sa gestion. Idéologie gestionnaire, pouvoir managérial et harcèlement social*, Paris: Éd. du Seuil.

GAULEJAC (de) Vincent, 2011, *Travail, les raisons de la colère*, Paris: Éd. Seuil, coll. 《Économie humaine》.

GOFFMAN Erving, 1968, *Asiles*, Paris: Éd. de Minuit.

GOLLAC Michel, 1997, 〈Des chiffres insensés. Pourquoi et comment on donne sens aux données statistiques?》 *Revue française de sociologie*, vol. 28, n°1, p. 5 – 36.

GOLLAC Michel, VOLKOFF, Serge, 2007, *Les conditions de travail*, Paris: Éd. La Découverte, coll. 《Repères》.

GOMEL Bernard, MEDA Dominique, 2011, 《Le RSA, innovation ou réforme technocratique? Premiers enseignements d'tme monographie départementale》, *Documents CEE*, n°152.

GONZALEZ Lucie, LENSEIGNE Fabrice, 2004, 《Mesure de la productivité du travail dans les services: le cas français》, in Pierre CAHUC, Michèle DEBONNEUIL, *Productivité et emploi dans le tertiaire*, Paris: La Documentation française, Conseil d'analyse économique, p. 125 – 136.

GORI Roland, 2009, 《Les scribes de nos nouvelles servitudes》, *Cités*, n°37, p. 65 – 77.

GORI Roland, DEL VOLGO Marie – José, 2009, 《L'idéologie de l'évaluation: un nouveau dispositif de servitude volontaire?》, *NouveUe rewte de psychosociologie*, n°8, p. 11 –26.

GUBA Egon, Yvorma S. LINCOLN, 1989, *Fourth Generation Evaluation*, Thousand Oaks, CA: Sage Publications.

HABERMAS Jürgen, 1992, *De l'éthique de la discussion*, Paris: Éd. Flammarion, coll. 《Champs》.

HADJI Charles, 2008, 《L'évaluation miroir aux alouettes. En politique, la culture du résultat risque d'occulter les objectifs》, *Le Monde*, 19 janvier.

HARoUEL Jean – Louis, 2005, 《Prolégomènes. Jean Fourastié: L'homme et sa pensée》, in *Jean Fourastié. Productivité et richesse des nations*, Paris: Éd. Gallimard.

HEILBRUNN Benoît (dir.), 2004, *La performance. Une nouvelle idéologie*? Paris: Éd. La Découverte, coll. 《Critique & enjeux》.

HERAN François, 2007, 《II n'y a pas d'apprentis sorciers ὰ l' Ined》, *Le Monde*, 15 novembre, p. 20.

HILL peter, 1977, 《On Good and Services》, *The Review of Income and Wealth*, n°4, p. 315 –338.

HORN François, 2003, *L'économie des logiciels*, Paris: Éd. La Découverte, coll. 《Repères》.

ILLICH Ivan, 1971, *Une société sans école*, Paris: Éd. du

Seuil.

ILLICH Ivan, 1973, *La convivialité*, Paris: Éd. du Seuil.

JANY - CATRICE Florence, RIBAULT Thierry, 2005, 《Services and employment models: Europe - USA - Japan》, *Working Paper*, *Dynamo project* (PCRD 6).

JANY - CATRICE Florence, 2007, 《La dévalorisation des services 《relationnels》 dans les pratiques et les conventions dominantes》, *L'Homme et la Société*, n°s 163 - 164, p. 15 - 33.

JANY - CATRICE Florence, 2010, 《La construction sociale du" secteur" des services à la personne: une banalisation programmée?》, *Sociologie du travail*, vol. 52, n°4, p. 521 - 537.

JANY - CATRICE Florence, 2012, 《Performance (s)》, in A. Bévort, A. Jobert, M. Laliement, A. Mias (eds.), *Dictionnaire du travail* ed. Presses urdversitaires de France, coll. Quadrige.

JANY - CATRICE Florence, MEDA Dominique, 2011, 《Le rapport Stiglitz et les écueils de l'expertise》, *Les chantiers de l'Idies*, note de travail n°14, 9p.

JoB Isabelle, PROUTAT Jean - Luc, 1999, 《Insaisissable productivité》, *Conjoncture Paribas*, n°5, p. 11 - 17.

KAHINEMAN Daniel, KRUEGER Alan, 2006, 《Developments in the Measurement of Subjective Well – Being》, *Journal of Economic Perspectives*, vol. 20, n°1, p. 3 –24.

KARPtK Lucien, 2007, *L'éconornie des singuJarités*, Paris: Éd. Gallimard.

KRUGMAN Paul, 2012, 《Crise: pourquoi les économistes ont failli》, *Alternatives économiques*, janvier, p. 74 –76.

KULA Witold, 1970 (1984), *Les mesures et les hommes*, Paris: Maison des sciences de l'homme.

LAFFONT Jean – Jacques, TIROLE Jean, 1993, *Theory of Incentives in Procurement and Regulation*, Cambridge, MA: MIT Press.

LALLEMENT Michel, 2007, *Le travail une sociologie contemporaine*, Paris: Éd. Gallimard, coll. 《Folio Essais》.

LASCOUMES Pierre, LE GALES Patrick, 2005, *Gouverner par les instruments*, Paris: Presses de Sciences Po.

LATOUR Bruno, WOOLGAR Steve, 1988, *La vie de laboratoire. La production des faits scientifiques*, Paris: Éd. La Découverte.

LAURENT Alain, 1997, 《Réflexions sur la relation de service》, in REBOUD Louis, (dir.) *La relation de service au coeur de l'analyse économique*, Paris: Éd. L'Harmattan, coll. 《Logiques sociales》.

LEBARON Frédéric, 2011, *L'enquête quantitative en sciences sociales. Recueil et analyse des données*, Paris: Dunod.

LEMOINE Benjamin, 2011, 《Gouverner la dette par scs indicateurs statistiques. La raise en discussion de la "dette brute" au ministère des Finances et dans le débat public français》, Colloque *Instruments d' action publique. Mise en discussion théorique*, 6 au 8 janvier, Sciences Po.

LENE Alexandre, STANKIEWICZ François, 2011, *Économie des ressources humaines*, Paris Ed. La découverte, coll,《Repères》.

LIVLAN Frédéric, BARET Christophe, 2002,《Le contrôle de la productivité dans les activités de service: peut – on dépasser les outils tayloriens?》*Travail et Emploi*, n°91.

MADDISON Angus, 1991, *Dynamic forces in Capitalist Development: a long run comparative view*, Oxford et New York. Oxford University Press.

MAROY Christian, 2005, 《Vers une régulation post – bureaucratique des systèmes d'enseignement en Europe?》, *Les cahiers de recherche en éducation et formation*, n°49, p. 1 –30.

MARTUCCELLI Danilo, 2004,《Figures de la domination》*Revue française de sociologie*, vol. 45, n°3, p. 469 –497.

MARTUCCELLI Danilo, 2010, 《Critique de la philosophie de I' évaluation》, *Cahiers Internationaux de Sociologie*, vol. CXXVIII, nos 128 – 129, p. 27 – 52.

MCLEAN Dinah, 1997, 《Lagging productivity sector: mismeasurement, mismanagement *Working Paper* 97 – 6, Bank of Canada, mars.

MEDA Dominique, 2000 [2008], *Qu'est – ce que richesse?* Paris: Flammarion, coll. 《Champs》; *Au – delà du PIB. Pour une autre mesure de la richesse.* Paris: Flammarion, coll. 《Champs Actuel》.

MEDA DOMinique, JANY – CATRICE Florence, 2011, 《Femmes et richesses: au – delà du Pib》, *Travail, genre et sociétés*, n°26, p. 147 – 171.

MELCHIOR Thierry, 2004, 《Homo Performans》, in HEILBRUNN, B. (dir.), 2004, *La performance. Une nouvelle idéologie?* Paris: Éd. La Découverte, coll. 《Critique & Enjeux》, p. 73 – 78.

MILANESI Julien, 2010, 《Éthique et évaluation monétaire de l'environnement: la nature est – elle soluble dans l'utilité?》 *VertigO La revue électronique en sciences de l' environnement*, vol. 10, n°2. http://vertigo. revues. org/10050.

MITCHELL Wesley, 1913 [1970], *Business Cycles*, Los Angeles CA: University of California Press; réimpr. New York: B. Franklin.

MONNIER Éric, 1992, *Evaluation de l'action des pouvoirs publics*. 2e ed., Paris: Economica.

MUCCHIELLI Laurent, 2008, 《Le"nouveau management de la sécurité"à l'épreuve: délinquance et activité policière sous le ministère Sarkozy (2002—2007)》, *Champ pénal/Penal field*, vol. V, mis en ligne le 28 avril.

NELSON Robert, 1987, 《The Economics Profession and the Making of Public Policy》, *Journal of Economic Literature*, vol. 25, n°1, p. 49 – 91.

NICOLE – DRANCOURT Chantal, JANY – CATRICE Florence, 《Le statut du care dans les sociétés capitalistes. Introduction》, *Revue française de socioéconomie*, n°02, p. 7 à 11.

NORMAND Romuald, 2006, 《L'obligation de résultats et les recompositions de l'État évaluateur en éducation. La trajectoire française》, présenté au séminaire EHESS *Benchmarking*, 2010, 24 p. miméo.

OCDE 1994, *La gestion des performances dans l'administration: mesure des performances et gestion axée sur les résultats*,

Études hors – série n°3.

OCDE 1997, *En quête de résultats. Pratiques de gestion des performances*, Paris: PUMA/OCDE.

OFFREDI Claudine, RAVOUX Françoise (éd.), 2010, *La notion d'utilitd sociale au défi de son identité*, Paris: Éd. L'Harmattan.

OGIEN Albert, 2008, 《Arithmétique de la liberté. La mesure des "capacités" et ses paradoxes》, in J. De Munck et B. Zimmermann (dir.), *La liberté au prisme des capacités. Amartya Sen au – delà du libéralisme*, Paris, Éd. EHESS, Coll. 《Raisons pratiques》, n°18, p. 81 – 111.

OGIEN Albert, 2010, 《La valeur sociale du chiffre. La quantification de l'action publique entre performance et démocratie》, *Revuefrancaise de socio – économie*, n°05, p. 19 – 40.

OKHAM Mustapha, 2007, 《Croissance de la productivité dans les services: le rôle de la mesure des prix》, *Division 《Services》, Série des documents de travail de la Direction des statistiques d'entreprises*, E 2007/03, février.

OR Zeynep, COM – RUELLE Laure, 2008, 《Pourquoi et comment évaluer la performance des systèmes de santè》, IRDES, *Document de travail*, décembre, 20 p.

ORLÉAN André, 2007, 《L'approche institutionnaliste de la monrtaie》, *PSE/Paris – Jourdan Sciences économiques*, doc. Ronéo, version du 3 avril.

ORLIÉAN André, 2011, *L'empire de la valeur. Refonder l' économie*, Paris: Éd. Le Seuil.

PERRET Bernard, 2008, *L'évaluation des politiques publiques*, Paris: Éd. La Découverte, coll. 《Repères》.

PETIT Pascal 1998, 《Formes structurelles et régimes de croissance de l' après fordisme》, *Les cahiers du Cepremap*, n°9818.

PETIT Pascal, 2005, *Croissance et richesse des nations*, Paris: Éd. La Découverte, coll. 《Repètes》.

PEZET Anne, SPONEM Samuel, 2008, 《Des indicateurs pour les ministres au risque de l'illusion du contrôle》, *La vie des idées*, 22 février, http: //www. laviedesidees. fr/Des – indicateurs – pour – les – Ministres. html.

PIERRU Frédéric, 2007, *Hippocrate malade de ses réformes*, BeUecombe – en – Bauge: Éd. du Croquant.

PINTO Louis, 2008, 《Juger les Juges. Qui évaluera Jacques Attali?》 *Le Monde diplomatique*, avril, p. 28.

PIVERT Isabelle, 2009, 《La religion des 15%》, *Le*

Monde diplomatique, mars.

PLIHON Dominique, 2009, *Le nouveau capitalisme*, Paris: Éd. La Découverte, coll. 《Repères》.

POLANYI Karl, [1944], 1983, *La grande transformation*, Paris: Éd. Gallimard, coll. 《Tel》.

POSTEL Nicolas, 2011, 《Le pluralisme est mort. Vive le pluralisme !》 *L'Économie politique*, n°50, p. 6 – 31.

POWER Michael, [1997] 2005, *La société de l'audit. L'obsession du contrôle*, Paris: Éd. La Découverte.

PUISSANT Emmanuelle, 2010, *La relation associative d'aide a domicile: spécifieités, remises en cause, résistances*, Thèse de doctorat, université Pierre Mendès – France, Grenoble.

REBOUD Louis, (dir.) 1997, *La relation de service au cceur de l'analyse économique*,, Paris: Éd. L'Harmattan, coll. 《Logiques sociales》.

ROSA Hartmut, 2010, *Accélération. Une critique sociale du temps*, Paris: Éd. La Découverte, coll. 《Théorie critique》.

ROUBAN Luc, 2004, *La fonetion publique*, Paris: Éd. La Découverte, coll. 《Repères》.

SALAIS Robert, STORPER Mickael, 1993, *Les mondes de production. Enquête sur l'identité économique de la France*,

Paris：Éd. EHESS.

SALAIS Robert, 2004, La politique des indicateurs. Du taux de chômage au taux d'emploi dans la stratégie européenne pour l'emploi, in Zimmermann B., (ed.), 2004, *Action publique en sciences sociales*, Paris：Éd. Maison des sciences de l'homme.

SALAIS Robert, 2010, 《Usages et mésusages de l'argument statistique：le pilotage des politiques publiques par la performance, *Revue française des affaires sociales*, vol. 1 – 2, p. 127 – 149.

SALAIS Robert, 2011, 《Indicateurs et conduite des politiques publiques：où sont les problèmes?》, *Informations sociales*, n°167, p. 60 – 71.

SALMON Anne, 2009, 《Éthique et intérêt：quels mobiles pour "l'entreprise providence"?》, *Revue française de socio – économie*, n°04, p. 39 – 57

SCHREIBER Amandine, VICARD Augustin, 2011, 《La tertiarisation de l'économie française et le ralentissement de la productivité entre 1978 et 2008》, *Document d'études*, *Dares*, n°161, 46 p.

SENNETT Richard, 2004, *Le travail sans qualités*, Paris：

Éd. 10/18.

SHERWOOD Mark K. , 1994, 《Difficulties in the measurement of service outputs》, *Monthly Labor Review*, March, p. 11 – 19.

SIEBERN – THOMAS Frank, 2004, 《Le rôle des indicateurs dans l'analyse et le suivi des politiques de l'emploi au niveau européen》, in *Gouvernance et expertise de l'emploi*, *EC conference*, 14 – 15 décembre, Paris.

SINGELMANN Joachim, 1978, *From Agriculture to Services: The Transformation of Industrial Employment*, Beverly Hills, CA: Sage Publications.

STIGLITZ Joseph, SEN Amartya, FITOUSSI Jean – Paul, 2009, Report of the commission on the measurement of economic performance and social progress'', *Report to the French President.*

STORRIE Donald, 2000, 《Service employment, productivity and growth》, in Dominique Anxo, Donald Storrie, 2000, *The job creation potential of the service sector in Europe*, Final Report, Employment Observatory Research Network, Sweden

STROBEL Pierre, 1993, 《L'usager, le client et le citoyen: quels rôles dans la modernisation du service public?》 *Re-*

cherches et prévisions, n°32, p. 31 –44.

SUKHDEV Pavan, 2009, 《L'économie des écosystèmes et de la biodiversitè》, Rapport pour l'Union Européenne, Bruxelles. Éd. Communauté européerme.

SUPIOT Alain, 2009, *L'esprit de Philadelphie. La justice sociale face au marché total*, Paris: Éd. Le Seuil.

THEVENOT Laurent, 1986, 《Les investissements de forme》, in L. Thévenot, *Conventions économiques*, Paris: PUF, p. 21 –71.

THÉVENOT Laurent, 2010, 《Autorità e poteri alla prova della critica. L'oppressione del gouverno orientato all'obiettivo》, *Rassegna italiana di socioIogia*, n°4, p. 627 –660.

TREPOS Yves, 1996, *La sociologie de l'expertise*, Paris: Puf, coll. 《Que Sais –je?》, n°3119.

TRIPLETT Jack, BOSWORTH Barry, (ed.), 2006, *Productivity in the U. S. Services Sector. New sources of Economic Growth*, Washington D. C.: Brookings Institution Press.

TROSA Sylvie, 2010, 《Management public: les enseignements d'une enquête sur la perception de la RGPP》, *Revue française d'administration publique*, n°136, p. 895 –905.

VANOLI André, 2002, *Une histoire de la comptabilité na-*

tionaIe, Paris, Éd. La Découverte, coll. 《Repères》.

VATIN François (dir.), 2009, *Évaluer et valoriser, une sociologie économique de la mesure*, Toulouse: Presses universitaires du Mirail.

VIVERET Patrick, 1989, *L'évaluation des politiques et des actions publiques*, Rapport au Premier ministre, Paris: La Documentation française.

VIVERET Patrick, 2003, *Les nouveaux facteurs de richesse*, La Tour d'Aigues: Éd. de L'Aube.

VLASSOPOULOU Chloé, 2005, 《Une évaluation constructiviste des politiques publiques?》 *Revue EspacesTemps*, n°s 89-90, 10 p.

WALERY Serge, 2011, 《Productivité académique contre contribution scientifique: le cas de l'économie》; *L'Économie politique*, n°051, p. 70-96.

WELLER Jean-Marc, 1998, 《Abuse-t-on de la notion de relation de service. À propos de la modernisation des administrations》, *Éducation permanente*, n°137, p. 9-21.

WEI, LER Jean-Marc, 1999, *L'État au guichet*, Paris. Éd. Desclée de Brouwer.

WELLER Jean-Marc, 2010, 《Comment les agents se

soucient - ils des usagers?》, *Informations sociales*, n° 158, p. 12 -18.

WILLISTON Samuel, 1864, 《Successive Promises of the Same Performance》 *Harvard Law Review*, vol. 8, n°1, p. 27 -38.

WÖLFL Anita, 2004, 《La croissance de la poroductivité dans les industries de services: la mesure a - t - elle un rôle?》, *Observateur international de la productivité* n°8, Io. 68 -82.

ZARKA Yves - Charles, 2009, 《Edito. Qu'est - ce que tyranniser le savoir?》 in Cités, 《L'idéologie de l'évaluation, La grande imposture》 n°37, p. 3 -6.

ZIMMERMANN Bénédicte, 2004, *Les sciences sociales à l'épreuve de l'action. Le savant, le politique et l'Europe*, Paris: Éd. Maison des sciences de l'homme, coll. 《Dialogiques》.

致谢

本书是源于多个研究领域的一系列思想碰撞与交流的结果。这些不同的研究领域给予本人非常丰富的研究视野，对研究过程中的许多线索起到了矫正和匡扶的作用。

研究领域的多样性尽管偶尔显得有点折中主义，但是更应该强调的是它的丰富营养。之所以这样说，首先，跨领域的研究突破了专业界限。我们已经开展的研究实践证明了这一点。至少，跨专业的争论值得鼓励：这也正是EHESS①研讨会的进行模式。研讨会首先跨领域研究了基准化分析法（benchmarking），然后是统计政策。研讨会的

① 这次研讨会由艾玛努埃尔·迪迪埃（Emmanuel Didier），伊莎贝尔·布鲁诺（Isabelle Bruno）和阿兰·德夸热尔（Alain Descrosières）主持。

参与者们所做的贡献，以及由他们引起的偶尔很激烈的争论，极大地促进了本书思想的形成。其次，营养的丰富性还体现在经院主义那森严等级的消失。从这一点来看，2008 年 3 月伴随斯蒂格利茨委员会的形成而诞生的 FAIR 网，其提供的思想交流与碰撞就越发显得弥足珍贵。这些交流和碰撞使得难以计数的思想针对指数问题、量化及其界限问题、政治条件问题激烈交锋。其中，政治条件是指实施公众争论和民主问题有用的新指数的必要政治条件。最后，营养的丰富性得益于对社会经济学的提倡。社会经济学由里尔社会与经济研究中心①和法兰西社会经济学杂志的忠实编委会大力推动。本书写作计划形成过程的间接参与者中，我尤其要感谢应用经济学的研一学生和 APIESS（action publique，institutions，économie sociale et solidaire）的研二学生。我也想趁此机会感谢 Clersé② 的索菲·格雅特（Sophie Goyat）和多米尼克·莫思巴（Dominique Mosbah）对我的持续关注。还要感谢若爱拉·西悉尼，她的校对弥足珍贵。我尤其要感谢这套丛书的合作者——尼古拉·博斯戴尔

---

① 即 Clersé 或 CLERSE，Centre lillois d'études et de recherches sociologiques et économiques——译者注。

② 即里尔社会与经济研究中心——译者注。

（Nicolas Postel）和理查德·索贝尔（Richard Sobel），他们不知疲倦地推动着经济学领域内真正的多元化研究。他们那智慧的要求与鞭策令我尤为感激。

弗洛朗丝·雅尼-卡特里斯

译者致谢

在本书的翻译过程中，得到了很多好友的帮助和支持，在此一一表示感谢：

李梦瑶　姜　波　宋小平　王大楠　刘　钢　王亚梅

张军霞　李东辉　孙　洁　王　伟　傅彩霞　陈建华

译者

2017 年 10 月